Ein Weg für Dich

zu
Vertrauen,
Liebe zum Leben
und zur Gesundheit

und die Evolution des menschlichen Bewusstseins

Hiermit danke ich von Herzen allen Angehörigen, Freunden, Bekannten und Teilnehmern an meinen Vorträgen und Workshops, die mich durch ihren Zuspruch und ihre Anregungen dabei unterstützt haben, dieses Buch zu veröffentlichen.

Gern empfehle ich Ihnen hier zum Thema Gesundheit auch meine anderen Bücher. Meine Leserinnen und Leser berichten mir, dass sie meine besondere Sicht auf das menschliche Leben und auf die Gesundheit mit den dazu gehörigen praktischen Übungen als große Bereicherung empfinden. Lesen Sie gern mal rein.

Das Geistige Prinzip, ISBN: 978-3-8334-5438-7
Gesundheit verstehen, ISBN: 978-3-7357-1181-6

Ein Weg für Dich

zu
Vertrauen,
Liebe zum Leben
und zur Gesundheit

und die Evolution des menschlichen Bewusstseins

Bibliografische Information der Deutschen Nationalbibliothek:
Die Deutsche Nationalbibliothek verzeichnet diese Publikation in der
Deutschen Nationalbibliografie; detaillierte bibliografische Daten sind im
Internet über dnb.dnb.de abrufbar.

Cover-Zeichnung: Harald Cords
E-mail: harald-cords@t-online.de

Herstellung und Verlag:
BoD - Books on Demand, Norderstedt
ISBN: 978-3-7583-1535-0

Inhalt

Worum geht es in diesem Buch?

Hallo, liebe Leserin, lieber Leser, mit diesem Buch hast du intuitiv die perfekte Wahl getroffen. Mir geht es nicht nur allgemein um das Denken der Menschen, nein, dieses Buch schreibe ich auch direkt für dich. Du hast eine ganz persönliche Geschichte und bist anders als die rund sieben Milliarden weiteren Menschen auf dieser Erde, denn du bist einzigartig. Und wundere dich nicht, ich bleibe stets in der Gegenwart, weil das die einzige Zeit ist, in der du aktiv denken und etwas tun kannst. Nur **jetzt** kannst du Vergangenheit und Gegenwart verstehen und deine Zukunft nach den von dir akzeptierten Erkenntnissen selbst gestalten. Bewusstes Denken und Handeln bringt tatsächlich mehr Gesundheit, Lebenslust und Selbstvertrauen. Ich wünsche dir jetzt pure Lese- und Lebensfreude.

Lass dich inspirieren von meiner unkonventionellen Sichtweise auf das Menschsein allgemein und auf die Gesundheit speziell. Die Veränderung menschlichen Denkens vom Beginn unserer Gattung an bis heute ist sehr beeindruckend – es ist **die Evolution des menschlichen Bewusstseins**. Tatsache ist: Dein Denken und das aller anderen formt die weitere Entwicklung der Menschheit. Alles, was auf dieser Erde durch Menschen geschieht, ist das Tun denkender Menschen – im Guten wie im Bösen.

Musik und Verstehen ist eine optimale Nahrung für Körper und Geist, denke ich, deshalb bereichere ich meinen Text gern durch Aussagen von klugen Personen und nenne dir einige zum Text passende Musiktitel.

Keith Richards von den Rolling Stones meint im Mai 2022:
"Musik ist eine kostbare Medizin für die Seele."

Du hältst hier wieder ein 'Buch-Abenteuer' in den Händen. Bist du bereit dafür? Dann wirst du es genießen. Bisher beschrieb ich ja schon, wie unsere ganz persönliche Art zu denken unser ganzes Leben und Erleben und damit auch unsere Gesundheit beeinflusst. Obwohl Forschungsergebnisse dies längst vielfach bestätigen, wird darüber nicht groß gesprochen. Warum nicht? Jeder Mensch denkt, also ist es nur logisch, das Denken für die Gesundheit einzusetzen, statt sich mit den eigenen Ideen ein Leben lang selbst zu blockieren und zu schaden, wie es leider sehr häufig geschieht.

Schon Marc Aurel weiß das vor rund 2.000 Jahren,
wenn er sagt: "Unser Leben ist das Produkt unserer Gedanken".

Im Laufe der Zeit fand und findet in uns Menschen eine großartige Entwicklung statt. Und die Veränderungen gehen weiter, wir sind sozusagen noch längst nicht fertig. Mach dir bewusst, dass du ein Teil der Natur bist, ein ganz speziell denkender Teil. Menschen denken anders als alle anderen Spezies auf dieser Erde. Das bringt auch eine Verantwortung mit sich, die verstanden werden muss. Der Mensch **kann** die Natur **bewusst** erhalten, während die übrige Natur sie instinktiv erhält, statt sie mutwillig zu zerstören.

Unsere Entscheidungsträger denken leider oft nur in kurzen Wahlperioden und werden nicht immer sehr klug beraten. Gewohnheitsmäßig lässt das Volk 'die da oben' machen. Führen und sich führen lassen sind bei uns scheinbar fest vergebene Rollen. Ist es nicht besser, wenn jeder von uns beides kann? Unsere Welt mit ihren globalen Problemen braucht neben den Erkenntnissen der Wissenschaft gerade jetzt eine mutige menschliche Zusammenarbeit und die Verwirklichung neuer Ideen, dann sind für die überall sichtbaren Schwierigkeiten auch sinnvolle Veränderungen und heilsame Lösungen machbar.

Marc Aurel (121 bis 180) meint dazu: "Es wäre dumm, sich
über die Welt zu ärgern. Sie kümmert sich nicht darum".

Das kann ich nur bestätigen. Sich ständig über alles Mögliche und Unmögliche zu ärgern, das schadet nur dir selbst und deiner Gesundheit. Anderen die Schuld zu geben und ihnen ihr Versagen vorzuwerfen, löst noch kein einziges Problem, weder bei dir selbst noch in der Welt. Du fütterst damit quasi nur das Desaster mit deiner Energie. Und: So zu denken zieht dich runter, bis du dich den vielen Problemen gegenüber immer ohnmächtiger fühlst, was dich nur wütend und aggressiv macht. Das ist **problemorientiertes Denken**. Schau dir statt dessen in deinem persönlichen Umfeld doch einmal deine Möglichkeiten an. Wo und wie kannst **du** zu Freude und Lebenslust beitragen, oder Dinge wieder in Ordnung bringen? Handle bewusster als bisher und sei kreativ. Das Ergebnis deines Handelns bringt dir selbst Freude, es macht dir Mut, du fühlst dich zu vielen Aktivitäten fähig, an die du beim 'Meckern' nicht einmal denken würdest. Das ist **lösungsorientiertes Denken**. Und das ist keinesfalls neu, denn

Konfuzius (551 bis 479 v.Chr.)
weiß schon vor rund 2.550 Jahren: "Es ist besser, ein Licht
anzuzünden, als über die Dunkelheit zu klagen. "

Haben wir denn seitdem nichts gelernt? Jeder einzelne Mensch kann in seinem täglichen Leben bewusst dazu beitragen, diese Welt zum Besseren zu verändern. Es reicht schon, wenn du integer bist. Das heißt, wenn du zu dir selbst stehst, deine eigenen Gedanken und Gefühle für richtig und wichtig hältst, wenn du eigene, sinnvolle Entscheidungen triffst und auch danach handelst. Es fehlt nicht am Wissen, es fehlt nicht an Einsichten, es fehlt nur am TUN. Die **Umsetzungskompetenz** der meisten Menschen ist noch ziemlich unterentwickelt. Das gilt weltweit in Unternehmen, ob groß oder klein, in Organisationen, Regierungen und im ganz persönlichen Bereich. Schau dir die 'Planungen' und die 'guten Vorsätze' am Jahresanfang an und sieh, was dann daraus wird. Viel zu oft wird der scheinbar lukrativste oder der einfachste Weg beschritten; **die** sind aber längst nicht immer die besten.

Johann Wolfgang von Goethe (1749 bis 1832) sagte einmal:
"Es ist nicht genug zu wissen - man muss auch anwenden.
Es ist nicht genug zu wollen - man muss auch tun. "

Handeln ist in physische Bewegung gebrachtes Denken. Das war früher so und das ist auch heute noch so. Du siehst, alles hat mit unserer Denkfähigkeit zu tun, die wir noch längst nicht optimal nutzen. Was denkst du, wer ist für dich verantwortlich? Der Staat, dein Chef, die Lehrer, die Eltern? Nein, ganz sicher nicht. Übernimm für dich selbst die volle Verantwortung für alles, was du tust und was du nicht tust. Wenn du bedenkst, dass **du** dir dein eigenes Leben mit deinem Denken und Handeln tatsächlich jeden Tag erschaffst, dann kannst du logischerweise niemandem die Schuld geben und über die Fehler von anderen klagen, wenn **dir** etwas fehlt. Die Klugen unter den Menschen stellten schon immer Lichter auf und tun das auch weiter, so dass du **deinen Weg** auch im Dunkeln findest, wenn du danach suchst.

> *Desmond Dekker macht mit seinem alten Song Mut für alles:*
> *"You can get it if you really want"*

Kooperation ist die Grundlage unserer Existenz. Nur wenn all deine Zellen und Organe **zusammenarbeiten**, ist dein Körper gesund. Dasselbe gilt auch für alle anderen Bereiche des Lebens, für Beziehungen, für Völker und auch für das globale Zusammenleben der Menschheit. Gesundheit ist ein stets veränderlicher Zustand, der nicht nur deinen Körper und deinen Geist betrifft, sondern die ganze Natur. **Du selbst bist Natur.** Nur deine Art zu denken macht den Unterschied aus zur übrigen Natur. Du atmest die Luft, trinkst das Wasser und ernährst dich von den 'Früchten' der Natur. In ihre natürlichen Rhythmen - Tag / Nacht, Sommer / Winter, jung / alt und so weiter – bist auch du natürlicherweise eingebunden. Es gibt hier keine Trennung. Die Natur zu zerstören heißt demnach, die eigene Lebensgrundlage zu vernichten.

Wenn du also gegen deine natürlichen Bedürfnisse lebst, wendest du dich gegen dich selbst. Ist dies möglicherweise einer der Gründe für die vielen Autoimmun-Krankheiten, von denen vor allem in westlichen Ländern rund zehn Prozent der Bevölkerung betroffen ist? Und wie ist das mit den Allergien – 30 Prozent? Beides mit zunehmender Tendenz. Fakt ist: Entweder haben wir Zusammenarbeit oder Untergang. Deswegen ist Egoismus auf Kosten anderer keine Option. Und wie denkst du selbst darüber?

Übrigens werden die Fähigkeiten und Kräfte der Natur in der Regel unterschätzt und völlig falsch eingeschätzt. Sieh dir die Welt mal auf neue Weise an: **In allem ist Bewusstsein**, auch in deinem Zimmerkaktus und in jeder deiner Zellen, in jedem Atom, jedem Molekül. Und alles kommuniziert miteinander auf einer quasi intuitiven Ebene. Es versteht sich von selbst, dass dein Bewusstsein sich mit völlig anderen Dingen befasst als z.B. das Bewusstsein deiner Zellen. Letztere sorgen aber alle **gemeinsam** für deinen gut funktionierenden Körper, während du vermutlich oftmals sogar das Gegenteil tust.

Die Natur bildet funktionierende Systeme, die sich im Laufe der Zeit verändern. Nichts in unserer Welt bleibt immer so, wie es ist, denn nichts ist beständiger als die Veränderung. Denkst du wirklich, die Menschen könnten diese seit vielen Milliarden Jahren ablaufenden, unvorstellbar machtvollen Prozesse der Natur an irgendeiner Stelle sinnvoll beeinflussen? Kennen wir diese Prozesse denn überhaupt? Es ist an der Zeit, die Natur in ihrem ganzen Zusammenwirken, innen **und** außen, wirklich zu verstehen, statt nur ihre materiellen Anteile zu untersuchen. Da ist noch so viel mehr zu erfahren.

Schaust du einen anderen Menschen an oder schaust du auf alles andere in der Welt, dann siehst du ihre materiellen Bestandteile. Unsere fünf physischen Sinne **können tatsächlich nur diese** wahrnehmen. Von dir selbst weißt du aber, wie viele Gedanken, Gefühle, Wünsche, Vorhaben, Pläne usw. **in** deinem Geist vorhanden sind, die niemand sieht. Glaubst du, die übrige Welt ist diesbezüglich leer? Die Natur ist bewusst und ihre Selbstheilungskräfte sind stets aktiv. Weißt du, dass Tiere kreativ sind, dass Pflanzen und Tiere schon reagieren, bevor etwas passiert, wenn z.B. ein Vulkan ausbricht? Kannst du dir vorstellen, wie viel Energie für ein einziges Gewitter oder einen Wirbelsturm nötig ist? Kennst du irgendeine Person auf unserer Erde, die tatsächlich alle Lebensfunktionen und Zusammenhänge der Natur kennt? Kennst du **dich** wenigstens selbst ganz genau? Viele Fragen, hast du Antworten?

Untereinander haben die natürlichen Systeme, die Erde, die Berge, Flüsse, Meere, Pflanzen, Tiere, Menschen usw. gewisse Abhängigkeiten, denen sie sich in gegenseitiger Übereinstimmung immer wieder anpassen. Nimm deine eigenen Abhängigkeiten als Beispiel: Lebst du in einem Dorf oder in einer Großstadt, bist du das einzige Kind oder wächst du in einer Großfamilie auf, wirst du geliebt und gut unterstützt oder lebst du in schwierigen Verhältnissen? Bist du eine Frau oder ein Mann, bis du arm oder reich? Gibt es in deinem Land Frieden oder Krieg, welche Schul- und Ausbildungsmöglichkeiten gibt es, welche Jobs usw. Das alles sind Abhängigkeiten, die du selbstverständlich irgendwie auf deine Weise in deinem Leben mit berücksichtigst. Es ist ja gar nicht anders möglich. Mein Tipp: Betrachte deine Startbedingungen stets als ideales Sprungbrett für dein selbstbewusstes, von dir gewünschtes Leben und lebe es nach **deinen** Vorstellungen.

Wenn du als menschliches System überlastet bist, aus welchem Grunde auch immer, dann brichst du irgendwann zusammen. Dasselbe gilt auch für alle anderen Systeme. Bevor du aber zusammenbrichst, wirst du deiner Umwelt Signale senden. Du sagst vielleicht: "Ich kann nicht mehr oder kann das jemand anders machen, ich fühl mich gar nicht gut." Und genau das machen auch die anderen natürlichen Systeme **auf ihre Weise**. Du kannst einen Zusammenbruch auch so beschreiben: Das jeweilige System kann bei Überlastung seine Energie nicht mehr konstruktiv nutzen. Das führt zu destruktiven Phänomenen: Es entwickeln sich Krankheiten, zerstörerische Unwetter, Kriege usw.

Tatsächlich bestehen nämlich Zusammenhänge zwischen Kriegen, Hungersnöten, Pandemien, Umweltkatastrophen und sozialen Problemen, zornigen, unzufriedenen und angstvollen Menschen. Unsere Welt funktioniert einfach ganz anders, als es uns bisher in den Schulen beigebracht wird.

Weil aber diese Zusammenhänge gar nicht so gesehen werden, wird sinnlos und gedankenlos weltweit der Zorn der Menschen durch Unterdrückung, Missbrauch, Krieg und anderes Unrecht weiter verstärkt. In vielen Fällen von Kindheit an. Wie soll Vertrauen entstehen, wenn ein Großteil der Menschen mehr oder weniger in Angst lebt oder aufgrund von Glauben, Herkunft, Geschlecht, Hautfarbe, Bildung oder Behinderung abgewertet wird. **Geistige und spirituelle Entwicklung ist nur dann möglich**, wenn du nicht mehr durch Krankheit, Armut, Hunger, Krieg oder Ausgrenzung um das tägliche Überleben kämpfen musst.

Der Mensch soll 'die Krone der Schöpfung' sein? Ist es etwa ein Zeichen von menschlicher Intelligenz, dass destruktive Zustände heute rund um den Globus vorhanden sind? Lässt sich Intelligenz an den Zuwachsraten von Kranken, Armen, Hungernden und Kriegsopfern erkennen oder vielleicht weltweit an Korruption, fehlender Verantwortung, an Machterhalt um jeden Preis und an den Gewinnen z.B. von Rüstungs- und Chemie Unternehmen?

Von Chris Rea gibt es über den Zustand unserer Welt einen guten Song 'The Road to Hell'. Hör' gern mal rein.

Es ist längst offensichtlich, dass weltweit ein Wendepunkt erreicht ist. Immer größeres Wachstum für einige Wenige, für Konzerne und Regierungen wird die anstehenden Probleme nicht beseitigen. Eine Verbesserung von **Qualität** in allen Bereichen ist dagegen längst überfällig, ebenso ein verantwortungsvoller Umgang mit der ganzen Natur. Jeder kann in seinem Umfeld dazu beitragen. Beziehungen zwischen den Menschen in gegenseitiger Achtung und 'auf Augenhöhe' sind inspirierend und konstruktiv und zwischen Staaten dürfte das ebenso funktionieren.

Wir alle sitzen gemeinsam im Raumschiff Erde. **Was ist unser Ziel?**

Marc Aurel hat auch dazu eine Meinung:
"Was dem Schwarm nicht nützt, nützt auch der einzelnen Biene nicht".

Was für alle Menschen wichtig ist, wird in der Regel gratis gegeben: **Liebe, Freundschaft, Glück, Hilfsbereitschaft und Freude.** Dies sind nur fünf Beispiele von vielen, die unser Leben lebenswert machen. Sie sind es, die dafür sorgen, dass wir gesund bleiben. Wir alle brauchen sie wie die Luft zum Atmen. Diese Dinge kannst du nirgends kaufen und niemand kann sie mit Geld bezahlen. Was ist es denn, was uns zu Menschen macht? Ein guter Job, eine steile Karriere, Macht, Gold, Schönheit und gute Manieren? Oder ist es all das, was Menschen in ihrem Wunsch zu wissen und aus Liebe zum Leben herstellen und tun? Wie drückt sich das Menschsein aus?

In der Forschung wird Neugier und Wissensdurst gestillt, bei kleinen Kindern zeigt sich das Interesse schon im W-Fragen-Alter. Die Liebe zur Natur hat viele Berufe entstehen lassen und sehr viele private Tier- und Pflanzenliebhaber. Oder z.B. Lehrer, Berufe für Gesundheit, Coaching, Sport und Spiele, zwischenmenschliche Beziehungen und andere lassen uns die Liebe zu den Mitmenschen erahnen. Gemeinsame Aktivitäten spornen uns an, zu verstehen und gute Leistungen zu erbringen. Die Kunst in all ihren Formen regt unsere Bewunderung, unsere Kreativität und unser Staunen an. Da ist die Musik, die Malerei, bewundernswerte Architektur, wunderschöne Stoffe und anderes Material in allen Formen und Farben, Literatur, Poetry Slam, die vielen Märchen aus aller Welt, Tanzen, Zaubern, Schmuck, duftende Speisen, gute Gespräche mit Freunden, Spaziergänge im Wald oder am Meer und herrliche Sonnenauf- und -untergänge.

Wenn durch all das in dir das wunderbare Gefühl entsteht, in dieser einzigartigen Welt zu Hause zu sein, dann bist du ein Mensch und nicht nur ein Geschöpf in menschlicher Gestalt. Menschsein hat mit Kreativität, Zusammenarbeit und Liebe zu tun und nicht mit Macht über andere.

Hör auf die Stimme deines Herzens und lass deinen Verstand nicht von Angst beherrschen. Gemeinsam machen dich Herz **und** Verstand zum denkenden Menschen. Deshalb mach **deine** Welt zur besten aller Welten. Du hast die Fähigkeit dazu. Und wenn du spürst, dass du dein Leben lenkst und sich alles wunderbar fügt, dann rufe die Worte der Musiker von 'Ich und Ich' aus ihrem großen Hit laut in die Welt:

"So soll es sein, so kann es bleiben, so hab ich es mir gewünscht, alles passt perfekt zusammen, weil einfach alles stimmt ..."

Auch der Dalai Lama (geb. 1935) sagt uns:
"Wir Menschen sind auf dieser Erde, um glücklich zu sein".

In diesem Buch beschreibe ich den Weg, den die Menschheit in ihrem Denken genommen hat, um ins Heute zu gelangen, und zwar von unserem Ursprung an über Beispiele verschiedener Kulturen bis jetzt. Gleichzeitig richte ich den Blick auf die heute bestehenden vielen Möglichkeiten, aus denen du, liebe Leserin, lieber Leser, dein Denken für deine sinnvolle, konstruktive Gegenwart und Zukunft wählst.

Neben all dem zeige ich dir gern auch wieder einen natürlichen Weg, den du für deine Gesundheit beschreiten kannst. Ähnlich wie im Märchen 'Hänsel und Gretel' findest du im ganzen Buch schon beim lesen die Rosinen für **deinen Weg**.

Ist Gesundheit auch erlernbar?

Eindeutig JA

Seit etwa 30 Jahren frage ich Menschen, was für sie das Wichtigste ist, was sie sich für ihr Leben wünschen. Die meisten antworten dann: "Gesundheit". Oft höre ich auch: "Ich habe schon alles versucht, aber ..." Und wenn **du** Gesundheit lernen kannst, wirst du es auch tun? Wie sieht es aus mit deiner Umsetzungskompetenz? Willst du wirklich auf all das verzichten, was dich krank macht? Kann gut sein, dass du die etablierten Wege verlassen musst, um Gesundheit zu lernen und wieder Vertrauen zu dir und deinem Körper zu entwickeln.

Schau dich um: Du bist umgeben von sehr vielen gesunden Menschen, jungen und alten, von denen meistens niemand spricht. Statt dessen hörst und siehst du in den Medien viel von Kranken und von Menschen in Pflegeheimen. Junge Menschen haben heute oft schon Angst davor, dass sie im Alter krank und wertlos sind. Die Wahrnehmung der Leser, Zuschauer und Zuhörer wird sehr stark auf negative Zustände gerichtet, während die guten Entwicklungen in der Welt und die wesentlich größere Gruppe von aktiven, gesunden Menschen aus dem Blick geraten. Mach dir also besser selbst ein Bild von deiner eigenen natürlichen Gesundheit.

Es gibt reichlich Methoden für eine gute Gesundheit. Allerdings reduziert alles, was du aus Angst tust, weil es dir möglicherweise sonst schlechter ginge, die gute Wirkung **jeder** Methode. Natürlich solltest du möglichst lecker essen, erholsam schlafen und dich in freier Natur bewegen. Im Laufe des Lebens benötigst du mal mehr und mal weniger davon. Das ist ok. Ob du gesund bist, hat jedoch nur zum Teil mit diesen Dingen zu tun, das Wichtigste ist dein mentaler Zustand. Gut für dich kann eine Familie sein, Freunde, eine Arbeit, die Freude macht, und Interesse an vielen Dingen. Wenn **du** dich magst, tust du sowieso immer das Richtige für dich.

Der Text dieses Musiktitels von Wolfgang Ambros kann dich,
inspirieren: "Für immer Jung"

Gesundheit entsteht von innen durch dein Denken und Fühlen, und zwar sowohl psychisch als auch körperlich. Das geschieht heute noch genauso wie eh und je. Nimm dich als Beispiel: Du denkst vielleicht, ein Kind beginnt erst nach der Geburt zu denken, aber schon im Mutterleib lernst du sehr viel. Du kennst deine Verwandten und ihre Freunde tatsächlich schon bevor **sie** dich das erste Mal gesehen haben. Als Baby übernimmst du die Gedanken, Gefühle und Eigenarten deiner Mutter und der Personen in deiner näheren Umgebung. Später lernst du viele andere spannende Dinge wie Sprechen, Handstand, Lesen, Schreiben, Mathematik und so weiter. **Unbemerkt von dir selbst** verwirfst du dabei viele deiner ursprünglichen Gedanken und entwickelst neue Ideen über dich selbst, das Leben und die Welt. So funktioniert deine ganz persönliche Entwicklung im Laufe deines Lebens.

Auch dein Verstand verändert sich auf diese Weise. Zuerst weißt du wenig, später viel; aber noch längst nicht alles. Dein Verstand sammelt Fakten von der Vergangenheit bis heute und sortiert sie in verschiedene Schubladen. All deine Informationen werden quasi assoziativ eingeordnet. **Du interpretierst** dein Wissen aber immer so, wie du **jetzt** in diesem Moment gerade denkst. Du stellst dir dann vielleicht vor, was zukünftig ist. Was aber **überhaupt nicht** so eintreten muss. Wenn du nämlich gut gelaunt bist, denkst du vollkommen anders als wenn du dich sorgst oder etwas bedauerst, du wählst tatsächlich jedes Mal **andere** Schubladeninhalte.

Deine Gedanken sind wie Samen, die du in deine persönliche Zukunft pflanzt. Mit deinen Vorstellungen regst du die Pflanzen zum wachsen an. Die Gedanken, an die du ständig denkst, werden die kräftigsten Pflanzen. Und genau **die** erntest du.

William James (1842 bis 1910) meint ganz richtig:
"Wir müssen heute nach den Wahrheiten leben,
die uns zur Verfügung stehen, dabei aber immer bereit sein,
sie morgen Irrtümer zu nennen."

Nun stell dir einfach mal vor, dass jedes Kind sich seine Eltern selbst auswählt, und jedes Paar wählt sich auch seine Kinder aus. Diesen Gedanken kann vermutlich nicht jeder leicht annehmen. Dennoch setzte ich hier mal diese Annahme voraus. Eine

Wahlmöglichkeit für alle Beteiligten ist ja prinzipiell gut. **Deine Wahl** triffst du natürlich so, dass du optimale Voraussetzungen für deine weitere persönliche Entwicklung vorfindest, was auch immer du speziell in diesem Leben entwickeln möchtest. Du denkst vielleicht, dann würde doch jeder ein Leben in Wohlstand, Gesundheit und Frieden wählen. Aber das ist es nicht, worauf es ankommt. Nur durch deine persönlichen Gefühle und Erfahrungen unterschiedlichster Art kannst du psychisch wachsen und neue Erkenntnisse und Fähigkeiten entwickeln. Manche Menschen wollen großartig sein, Helden, Künstler, Erfinder; manche kommen auch als 'schlechtes Beispiel', um die Welt aufzurütteln; andere wollen 'Zwischenmenschliches' ergründen. Alle für uns persönlich denkbaren und undenkbaren Lebenskonzepte sind möglich. Wie sonst könnte die gesamte Bandbreite von Gefühlen und Fähigkeiten der Menschen ausgelotet und weiter entwickelt werden? Wenn du als Mensch die Ereignisse in der Wirklichkeit siehst, auch die extremen, hast du immer die Möglichkeit, optimalere Entscheidungen für dich zu treffen. Auf diese Weise geschieht **Fortschritt im menschlichen Tempo.**

Zum Zeitpunkt deiner Wahl bist du allerdings noch nicht geboren, sondern noch ein geistiges Wesen; sozusagen deine Seele, dein inneres Selbst mit dem starken Wunsch, ein Menschenleben zu führen. Die Erde ist ein Planet für 'Weiterbildung'. Du lernst hier, deine unbegrenzte Lebensenergie konstruktiv zu verwenden. Dein inneres Selbst wählt den menschlichen **Anfangszustand**, der dir die besten Möglichkeiten dafür bietet, deine Begrenzungen zu überwinden. So wirst du im Laufe deines Lebens etliche Herausforderungen meistern. Das stärkt dein Vertrauen in deine persönlichen Fähigkeiten und in deine ganze Existenz. ...
  Über diese Absätze könntest du bestimmt noch sehr viel mit mir diskutieren. Lass sie einfach mal so stehen.

Gleich, ob dein Leben also von Beginn an ein Schmusekurs ist oder eine riesengroße Herausforderung, **du** hast dazu beigetragen und **du** kannst auch jederzeit dein Leben verändern. Insofern macht es absolut keinen Sinn, dich dein Leben lang z.B. über 'eine schwere Kindheit' zu beklagen. Erkenne vielmehr, sobald du selbst bewusst denken kannst, auf welche Weise deine Erfahrungen dir nützlich sind und was du dadurch für dein Leben gelernt hast. Ich gebe dir hier ein Beispiel: Falls deine Erziehung sehr streng war und du vielleicht auch geschlagen wurdest, dann kann solche Erfahrung dich zu einem freundlicheren Elternteil machen mit mehr Verständnis, denn deine Kinder sollen ja nicht dasselbe erleben. Als Kind nimmst du das Verhalten deiner Eltern als gegeben hin, es ist für dich 'normal'. Aber niemand zwingt dich später, die Muster deiner Eltern zu wiederholen. Du hast immer die Wahl, sie abzulehnen oder weiter anzuwenden. Wichtig ist es, über alles, was du so erlebst, nachzudenken und dich immer für **deinen** Weg zu entscheiden. Verändere dein Leben immer so, wie **du** es für sinnvoll hältst. Wann du damit beginnst, ist egal, es ist aber immer von Vorteil, sich selbst zu kennen. Jeder Mensch hat Gründe für sein Verhalten. Diese zu erkennen und falls nötig zu verändern, **um nicht daran gefesselt zu bleiben**, macht das Leben leichter.

Du bist der Boss in deinem Leben, der Mensch, der mit Hilfe seiner fünf Sinne und dem Verstand dieses Leben meistert und alle Entscheidungen trifft. Völlig unabhängig von deinem Ego ist in dir jedoch noch ein weiterer sehr wichtiger geistiger Anteil, nämlich dein voll bewusstes inneres Selbst. Es ist ja nicht weg, nur weil du jetzt ein Mensch bist. Es kennt all deine Talente, alle Wege deiner Vergangenheit und deine unendlich vielen **künftigen** Möglichkeiten. Dazu gehören auch persönliche Entwicklungen, die du heute noch gar nicht für möglich hältst. Es schickt dir hilfreiche Intuitionen, Ideen und Träume und kümmert sich um jede Zelle deines Körpers. Im Prinzip **bist** du dein geistiges inneres Selbst, und zwar der Teil, der sich physisch als dieser spezielle Mensch in diesem Leben ausdrückt. Dein 'unsichtbares' Selbst unterstützt dich dein Leben lang. Und glaub es oder glaub es nicht: dein Ego kann es lernen, diese ewige freundschaftliche 'Beziehung' zu nutzen und sie dann sehr zu schätzen wissen.

Nun betrachte auch dich und deinen Körper einmal auf völlig neue Weise: Du bist keine menschliche Maschine, die verschleißt und deren Energie sich verbraucht, nein, du wirst in jedem Moment neu erschaffen und deine Energie ist unbegrenzt. Rund 500.000 Zellen sterben in dir **in jeder Sekunde** und natürlich werden genauso schnell wieder neue hergestellt. Du lebst quasi inmitten vieler Tode. Ganz allgemein gesagt, ist physisches Leben tatsächlich nur durch den Tod möglich. Wenn weltweit auch nur eine Stunde nichts sterben würde, hätten wir alle echt große Probleme. Übrigens, Zellen, die nicht mehr auf normale Weise sterben können, sind Krebszellen.

Dein Körper ist wahrlich eine magische Konstruktion, die zudem noch nach den Signalen **deiner** Vorstellungen funktioniert. Und das, auch wieder ganz allgemein gesagt, geht so: Deine Gedanken und Gefühle erzeugen chemische Stoffe in deinen Zellen. Freude oder Lebenslust erzeugen z.B. eine andere Chemie als Wut oder Angst. In dieser chemischen Sprache sind in jedem Moment simultan alle Zellen deines Körpers über deine Befindlichkeiten informiert und sie richten sich danach. Achte mal auf deinen Körper und **spüre ihn**. Wie fühlt sich das genau an, wenn du glücklich bist, aufgeregt, müde, wütend, hungrig, ängstlich, gestresst oder wie auch immer? Dein Körper spricht mit dir über deine Gefühle und Empfindungen. Sie zeigen dir, ob alles ok ist oder nicht.

Lass doch mal diese alten Hits von Wolfsmond auf dich wirken:
'Wahrheit' und 'Wirf die Sorgen aus dem Fenster'

Dein Körper reagiert **jetzt** auf jede deiner Vorstellungen und auf jedes deiner Gefühle und verändert sich entsprechend. Deine Psyche, dein Blutdruck, dein Herz, deine Muskeln, Sehnen, dein Kreislauf, deine Verdauung, alles wird beeinflusst. Jede Wahrnehmung deiner Sinne verändert dich und deine ganze Struktur. Und es kommt noch besser: Dein Körper ist ein offenes System. Zwischen ihm und der Welt finden ständig chemische Reaktionen statt. So nenne ich das hier mal. Du bist dabei Sender und Empfänger zugleich. Du kannst vielleicht spüren, wenn es einem Freund nicht gut geht und umgekehrt. Du kannst deine diesbezüglichen Fähigkeiten, deine Sensitivität, sogar trainieren. All das hat mit deinem Denken und natürlich auch mit deiner Gesundheit zu tun. Welche Signale sendest du deinen Zellen, wenn du glaubst, du hast Glück und deine Traumfrau oder dein Traummann liebt dich? Und wie ist es, wenn du das Gegenteil denkst? Denk einfach mal drüber nach.

Wenn du nun diese ganz normalen Reaktionen deines Körpers kennst, hast du die Möglichkeit, durch die bewusste Veränderung deiner Gedanken, Gefühle und Vorstellungen einen aufbauenden Einfluss auf deine Zellen zu nehmen. Auch wenn du denkst, äußere Einflüsse haben dein Leben geprägt, fang bei dir an. Sei dir selbst dein bester Freund, sei wirklich ehrlich zu dir und verstehe, wie du denkst. Was bereitet dir Freude, womit hast du Probleme, wie funktioniert dein Körper? Sei du selbst, umso besser arbeitet dein Verstand mit deinem inneren Geist zusammen und **so** funktioniert Gesundheit. **Das Leben ist leicht**, wenn du mit dir selbst im Reinen bist.

Albert Schweitzer (1875 bis 1965) sagte einmal:
"Die größte Entscheidung deines Lebens liegt darin,
dass du dein Leben ändern kannst,
indem du deine Geisteshaltung änderst".

Wie du weißt, gibt es alles in dieser Welt: Diebe, Mörder, Kriege, Flucht, Vertreibung, Naturkatastrophen und Vieles mehr davon. Du weißt auch, dass es sehr viele Menschen gibt, die niemals in ihrem Leben an solchen Ereignissen 'teilnehmen'. Sie haben auch keine Angst davor, sie empfinden solche Erfahrungen eher wie Wetterleuchten an der Peripherie ihres Lebens. Jeder lebt in **seiner** Nische dieser Welt. Stell dir vor, all deine Lebensumstände, jedes persönliche Ereignis, **alles** wird von deinem Bewusstsein gestaltet. Dein Denken zieht Erfahrungen zu dir **oder** hält sie auf Abstand. Du kannst dich mit deinem eigenen Denken gesund oder krank machen. Etliche statistische Befragungen ergeben, dass mehr als durchschnittlich viele Menschen ihren Flug absagen oder nicht mit Bahn oder Auto fahren, wenn große Unglücksfälle passieren.
Alles Zufall oder gibt es innere Informationen?

Vermutlich weißt du, dass in deinem Körper noch Rudimente der körperlichen Evolution vorhanden sind. Erste Versuche, Teile, die früher ihre Aufgabe hatten, aber heute nicht mehr, wie z.B. dein Blinddarm. Auch in deinem Gehirn hast du solche Rudimente. Hierzu habe ich ein Sahnehäubchen für dich: In deinem Gehirn befinden sich auch bereits Rudimente für deine **zukünftige Entwicklung**. Teile, die automatisch durch eine weitere

Veränderung deines Denkens aktiviert werden. Genau das ist ja immer schon so geschehen. Vom Beginn der Menschheit an gibt es die Evolution des menschlichen Bewusstseins, nicht nur die des menschlichen Körpers – beide gehen planvoll Hand in Hand.

Für die Entwicklung des menschlichen Bewusstseins nehmen die Menschen **Willensfreiheit** auf sich. Dabei ist sich die Spezies Mensch der damit verbundenen Verantwortung für das eigene Tun voll bewusst. Diese Eigenschaft unseres Bewusstseins kann nicht einfach wieder abgegeben werden. Weil du heute weißt, dass du mit deinem Denken, Fühlen und Tun deine Gesundheit und dein ganzes Leben lenkst, macht es natürlich Sinn, wenn du das willentlich tun kannst. Es macht auch Sinn, wenn du lernst, deine Lebensenergie bewusst in die für dich richtigen Bahnen zu lenken.

Ist uns Menschen das heute eigentlich klar? Unter Philosophen und in der Wissenschaft wird seit mehr als 2.000 Jahren darüber kontrovers diskutiert, ob Menschen einen freien Willen haben oder nicht. Ein klares Bekenntnis **für** die Willensfreiheit ist schon allein deshalb wichtig, weil es den Impuls, 'immer allen anderen die Schuld zu geben', überflüssig macht und **dich** damit aus der Opferrolle befreit. Erkenne deinen eigenen Anteil an der Wirklichkeit, dann kannst du etwas verändern. Das Bewusstsein der Tiere hat sich anders entwickelt, daher ist es meiner Meinung nach sehr unwahrscheinlich, dass die Menschen vom Affen abstammen.

Schon seit sehr langer Zeit gibt es Menschen, die ihre natürlichen menschlichen Fähigkeiten besonders ausgebildet haben. Sie haben z.B. die uralte Fähigkeit, bewusst mit ihrem Geist psychische und körperliche Krankheiten zu heilen und verschwundene Menschen, Tiere und Dinge aufzufinden. Einige können mit ihren 'inneren Augen' in Körper schauen und Entzündungen, Krebs, Brüche und andere krankhafte Veränderungen erkennen, um dann exakt dort heilende Energie wirken zu lassen.

Solche Fähigkeiten des Bewusstseins funktionieren bei allen Lebewesen, auch über sehr weite Entfernungen und völlig ohne schädliche Nebenwirkungen. Wenn ich es mir überlege, wird vermutlich für die Energie- oder Informationsübertragung bei einer

20

Heilsitzung von Hamburg nach Rio de Janeiro so etwas wie die Quantenverschränkung aus der Quantenphysik wirksam. Hier fehlt noch Forschung unter realistischen Bedingungen.

Manche Menschen sprechen auch mit Verstorbenen, channeln, erleben außerkörperliche Erfahrungen, können aus der Ferne Materialien fühlen, telepathisch Informationen empfangen und Vieles mehr. Trotzdem können sie im Leben große Probleme haben, auch gesundheitliche. Es gibt auch sogenannte 'alte Seelen'. Solche spirituell hoch entwickelten Menschen haben ein gesundes Selbstvertrauen, sind mitfühlend und hilfsbereit. Ihr Umgang mit Mensch und Natur ist stets aufbauend. Du fühlst dich in ihrer Gegenwart einfach wohl.

Synästhetiker können Farben hören und Töne farbig sehen. Einige Menschen haben ihr Herz in der rechten Körperhälfte. Tetrachromaten sehen mehr Farben als andere usw. Du weißt vermutlich selbst, dass junge Menschen völlig andere Dinge können als ältere. Deshalb können beide sehr viel voneinander lernen. Spontaneität, Leidenschaft und Erfahrung schließen sich keinesfalls aus. Dies sind nur einige Beispiele, du siehst, es gibt nicht den 'Norm-Menschen'. Wir sind alle einzigartig und verschieden, vor allem in unseren Wahrnehmungen und Interpretationen. Wenn du das weißt, kannst du vielleicht auch mehr ehrliche Toleranz empfinden für Menschen, die anders sind als du.

Mit jeder neuen Erkenntnis erweiterst du dein Bewusstsein. Du brauchst keine Drogen, sondern nur mehr Wissen über dich und deine natürlichen menschlichen Fähigkeiten. Hier gibt es für alle noch **sehr viel** zu entdecken. Neues Wissen und neue Erfahrungen schieben die Grenzen deiner Wünsche und Erwartungen weiter hinaus und fördern deine Kreativität. Sei also neugierig auf das Leben, es hat noch so viele Geheimnisse, die es zu entdecken gilt. Mit Verstehen findest du **deinen** besten Weg.

Unsere fünf körperlichen Sinne können alles Materielle gut wahrnehmen, daher ist die materielle Entwicklung auf der Erde sehr weit fortgeschritten. Die inneren geistigen Anteile der Menschen sind dabei vorübergehend in den Hintergrund geraten. Schon seit einigen Jahren verändert sich aber der Fokus: Psychische Gesundheit ist wichtiger geworden, egal ob im Sport, bei Managern, bei Schülern oder Soldaten. Hypnose und geistige Heilung sind nicht mehr allzu suspekt. Die Zeit ist reif dafür, dass wir Menschen den inneren Geheimnissen der Natur mit einer optimaleren Zusammenarbeit von Verstand und Intuition auf die Spur kommen. Neue Erfahrungen verändern die Menschheit.

Es gibt kein Geheimrezept, das dir Gesundheit garantiert. Du selbst fügst in jedem Moment die Zutaten in der für dich richtigen Weise zusammen. Stell dir deine Gedanken als deine Nahrung vor und iss nur noch das, was dir gut bekommt. Du weißt, dass dein Denken zu deinem Handeln führt. Wenn also deine 'Nahrung' gut für dich ist, handelst du überwiegend im Sinne deines aktiven Daseins im Hier und Jetzt.

Das bedeutet **nicht** immer Friede, Freude, Eierkuchen! Aber überlaste deinen Organismus nicht mit zuviel Desaster, Problemen und Hass. Das kann speziell in dieser Zeit der 100.000 Informations- und Fakemöglichkeiten schnell zu einer Gewohnheit werden, die krank macht. Zu verschiedenen Zeiten in unserer Geschichte wurde schon 'der Weltuntergang' prophezeit und große Ängste geschürt, das ist also nicht neu. Dubiose Geschäfte und mysteriöse Machenschaften sind oft spannender für das Ego als einfache Fakten, aber für deine Gesundheit brauchst du die Sterne am Himmel, den Sonnenschein, das Meeresrauschen, das Wissen um eine sinnvolle Existenz und vor allem Vertrauen zu dir selbst.

Mit deinem Denken solltest du die Dinge in dein Leben ziehen, die dir Freude bringen und dich glücklich machen. Wenn dich aber 'das Chaos' interessiert, wenn du denkst, du hast kein Glück oder wenn du eine große und vielleicht sogar irrationale Angst vor etwas hast, dann ziehst du eher Ereignisse an, die dich belasten, vor denen du dich fürchtest. – Worauf du dich konzentrierst, das bekommst du! Denk daran, was du bisher schon gelernt hast, und sei gewiss, dass du auch Gesundheit lernen kannst.

Dein Denken ist der Grundstoff für deine Gesundheit

Vor etwa 12.000.000 Jahren
Denken am Anfang unserer Art

Dieses Kapitel lädt einfach dazu ein, dich gedanklich zu entführen, sehr sehr weit zurück, noch vor den Anfang der Existenz unseres Universums. Ich möchte dir hier die Idee von einer allmächtigen, schöpferischen Quelle vermitteln und wie es dazu kommt, dass unser Universum entsteht und wir 'lebendig' werden. Du magst die Quelle von Allem-was-ist vielleicht Gott nennen oder wie auch immer du möchtest. Es ist jedenfalls kein alter Mann mit weißem Bart, straft auch nicht, segnet keine Gewehre und hält auch keine Fensterplätze im Himmel frei.

Obwohl einige Wissenschaftler an Gott glauben und andere nicht, sind sie alle übereinstimmend der Meinung, dass unser ganzes Universum aus Energie besteht. **Materie ist eine verdichtete Form von Energie.** Albert Einstein legt schon 1905 mit seiner berühmten Formel $E = MC^2$ den Grundstein für neue Erkenntnisse. Die Wissenschaft untersucht extrem große und kleine Teilchen, spricht der Materie jedoch bisher jegliches Bewusstsein ab. Vermutlich weil man Bewusstsein weder sehen noch messen kann. Das erinnert mich an Rudolf Virchow, der meinte, er habe schon viele Menschen seziert, aber noch nie eine Seele gefunden.

Ein absichtsloses, sinnloses materielles Universum, wie einige Wissenschaftler meinen, aus dem rein zufällig menschliches Bewusstsein entstanden sein soll, kommt mir allerdings sehr spekulativ vor. Ich denke, meine Vorstellung einer bewussten Schöpfung ist als Erklärung brauchbarer. Hier stelle ich sie dir vor:

Alles besteht aus **bewusster** Energie, aus ihr bildet sich durch ihre Eigenschaften und Fähigkeiten nach bestimmten Prinzipien unter anderem unser Universum. Hier verbinde ich Geist und Materie. Nur durch diese Verbindung ist die Sinnhaftigkeit unserer Welt und unseres Daseins möglich. Schau dir unser gigantisches Universum an mit seinen geschätzt 100 Milliarden Galaxien. Es scheint geordnet und planvoll zu funktionieren. - All das soll Zufall sein?

23

Ich will dich nicht langweilen, aber vielleicht dies noch: In einer der bevorzugten Theorien der Physik stellt man sich eine 'Anfangssingularität' vor, als Zeit, Raum und Materie noch nicht vorhanden sind. – Also zu Anfang etwas Einzelnes - Daraus soll sich der Urknall gebildet haben. Man weiß nur nicht warum und es gibt bisher auch keine gültige Beschreibung des sehr frühen Universums oder des Urknalls selbst oder der Beschaffenheit der Anfangssingularität vor dem Urknall oder auch danach.

Diese postulierte Singularität kann natürlich auch Gott sein. Oder anders ausgedrückt kann es sehr gut eine bewusste, geistige Kraft, eine omnipotente Energiepersönlichkeit sein; **die Quelle**, die aus ihrer eigenen Substanz in voller Absicht ein materielles Universum erschafft. Die dazu erforderliche Umwandlung von bewusster Energie in Materie geschieht seitdem immerzu und dauert weiterhin an. Du wirst vielleicht einwenden, dass das, was ich dir hier beschreibe, nicht zu beweisen ist. Aber ...

Nach wissenschaftlicher Ansicht gibt es – aus bisher ungeklärtem Anlass - den Urknall und Äonen später entwickeln sich auf unserer Erde aus purem Zufall schließlich aus einer materiellen Urzelle alle unterschiedlichen Spezies. Eines Tages schlägt sich demnach ein Affe auf die Brust und spricht: "Hurra, ich bin ein Mensch", wodurch irgendwie unser menschliches Bewusstsein entstanden sein soll. Aber ... dies ist ebenfalls nicht zu beweisen.

Materie ist alles, was wir mit unseren Sinnen wahrnehmen und bisher messen und berechnen können. Physiker sind sich darüber einig, dass dies nur ca. 5% des gesamten Universums sind. Schau dir unsere Erde an und den Himmel mit all seinen Sonnen und Planeten, das sind diese 5%. Dazwischen soll sich ca. 25% dunkle Materie befinden und ca. 70% dunkle Energie. Von diesen beiden glaubt man, dass sie außerordentlich wichtig für das ganze System sind, alles andere dazu liegt allerdings bisher noch im Dunkeln, wie der Name schon sagt. Die klugen Menschen wissen es einfach zur Zeit noch nicht besser.
Nun frage ich dich: Könntest du z.B. der Diagnose eines Arztes vertrauen, der nur rund 5% eines menschlichen Körpers kennt und nicht weiß, wie die übrigen 95% in diesem Körper zu seinem Funktionieren beitragen?

Anton Zeilinger, einer der drei Physik-Nobelpreisträger 2022 meinte in einem Interview u.a.: "Ich glaube nicht, dass die Welt rein materialistisch verstehbar ist. Wir sind zur Zeit noch nicht in der Nähe der Wahrheit, ... gibt es gar eine Welt des Geistigen?"

Aber zurück zu meiner spannenden Entstehungsgeschichte. Nimm einfach mal an, dass jede Form von Energie Bewusstsein enthält und die Schöpferkraft der Quelle, die danach strebt, ihr Potential in allen möglichen Variationen voll auszuschöpfen, und zwar so, dass dadurch auch jedes andere Teil der Wirklichkeit gefördert wird. **Bewusstsein, Energie und Materie** bilden eine Einheit. Das Bewusstsein setzt die Umwandlung von Energie in alle Formen von Materie in Gang. Alles ist mit allem Verbunden. Und das wiederum wird schon in vielen alten Kulturen vorausgesetzt, ebenso wie die Idee, dass es keine geistlose Materie gibt.

Die Quelle existiert ja schon, **bevor** es weder unser Universum noch Zeit, Raum oder Materie gibt. Diese allmächtige Energiegestalt ist voller Kreativität, und sie ist dabei, sich selbst eine ganz neue Aufgabe zu stellen. **In ihrer Vorstellung** hat sie u.a. Planeten, Sonnen, Pflanzen, Menschen und Tiere bis hin zu kleinen Insekten erschaffen. Sie liebt diese Bilder in sich selbst; sie ist sozusagen mit ihren gedanklichen Schöpfungen schwanger.

Diese Vorstellungsbilder bestehen aus demselben 'Stoff' wie ihre Quelle und haben auch die Schöpferkraft in sich. Folglich beginnen sie, selbst zu denken und gedanklich eigene Vorstellungen zu entwickeln und schließlich fangen sie an, mit ihrer Quelle zu kommunizieren. Die göttliche Quelle stellt sich nun die in ihrem Denken existierenden Bilder als Tatsache vor, sie denkt an ihre großartigen Fähigkeiten und zahllosen Möglichkeiten. Auch spürt sie den immer intensiver werdenden Wunsch ihrer 'Nachkommen' nach Freisetzung und dem Bedürfnis, selbst so zu erschaffen, wie sie erschaffen wurden. Die bewussten geistigen Vorstellungen mit ihren Gedanken und Gefühlen verlangen nach Freiheit und eigenem Erleben, einem Erwachen aus der Gedankenwelt in eine Wirklichkeit ganz anderer Art. – Denk hier gern mal an deine eigenen Pläne und daran, mit welcher Freude und Macht sie manchmal erfüllt werden wollen.

Die göttliche Quelle ist voller Liebe für ihre Vorstellungen, sie möchte sie nicht verlieren aber ihnen natürlich auch keinesfalls schaden, deshalb gibt es nur einen Weg für sie, nämlich sie alle liebevoll loszulassen. - Ähnliche Empfindungen haben Eltern, wenn ihre Kinder das Elternhaus verlassen und ihr 'eigenes' Leben beginnen. Für deine Gesundheit ist Loslassen wichtig, denn du kannst alles loslassen, was dir wie ein Klotz am Bein erscheint. Das gilt auch für Krankheiten, schlechte Erfahrungen, Hass, Kränkungen und vieles mehr. Probier es einfach aus. Du stärkst damit deine Integrität und dein Selbstbewusstsein. Aber weiter ...

Die Quelle beschließt, das Loslassen in einer bisher noch nie da gewesenen Art zu verwirklichen. Sie bereitet ein physisches Feld vor, um die Möglichkeit für eine gegenständliche Welt zu erschaffen, in der sich ihre Schöpfungen in anderer Form frei ausdrücken können. – Genauso handelst du auch: Wenn du ein Vorhaben hast, stellst du es dir eine Zeitlang vor, dann triffst du alle Vorbereitungen, um es letztlich zu verwirklichen.

Als schließlich unser Universum entsteht, explodiert die unendliche Schöpferkraft in die Vergegenständlichung in einem für uns heute unvorstellbaren Schöpfungsakt. Gewaltige Explosionen des Bewusstseins ereignen sich und Fähigkeiten aller Art können sich in neuer Weise entfalten. Die Vorstellungen einer göttlichen Quelle werden materielle Wirklichkeit. So etwa könnte die Geburt unseres physischen Universums aus jener geistigen Energie-Sphäre heraus geschehen. Geistige oder psychische Energie manifestiert sich als physisches Universum, in dem wir heute als Nachkommen der ersten physischen Menschenwesen unsere körperliche Existenz haben. Seitdem ereignen sich ständig neue Erschaffungen und auch die Umwandlung von bewusster Energie in Materie geschieht weiterhin. ...
Obwohl viele das vermutlich ganz anders sehen.

Zeit und Raum sind geboren, eine neue Wirklichkeit. In diesem Kontinuum verfestigt sich unser Universum zu Sternen und Planeten, organisiert sich zu wunderbaren Gebilden und entwickelt Abläufe, die ein ständiges **Entstehen, Verändern und Vergehen** ermöglichen. Das Wort Universum bedeutet etwa 'ein Einziger gewendet'. Unsere physische Wirklichkeit ist das Äußere, das kontinuierlich aus der inneren Energie erschaffen wird, auch jetzt noch. Die Verbindung zur Quelle ist daher existenziell und unzerstörbar. Sie erhält dein Leben, aber bestimmt nicht darüber. **Das** tust du selbst!

Jetzt mache ich zeitlich einen Riesensprung: Du und ich könnten z.B. in einem unserer 'anderen' Leben eines dieser Energiewesen der Quelle sein und haben vielleicht sogar diesen Urzustand auf unserer Erde miterlebt. Wer weiß?
Zu der Zeit ist zwar irgendwie alles vorhanden, aber noch nicht richtig physisch konkret. Möglicherweise kannst du es dir wie eine Traumwelt vorstellen, in der die noch nicht ganz bewussten Geschöpfe sich wie Schlafwandler verhalten oder wie etwas ferngesteuert, da sie einerseits nicht mehr nur geistig, aber andererseits auch noch nicht ganz physisch sind. Alle Geschöpfe auf der Erde träumen noch von ihrem Ursprung als behütete Energiewesen und können sich nur sehr behutsam an die neuen Gegebenheiten gewöhnen.

Der Sufi-Mystiker Rumi (1207-1273) drückt das so aus:
"Das Bewusstsein schläft in den Mineralien,
es träumt in den Pflanzen,
es erwacht in den Tieren,
und es beginnt, sich selbst bewusst zu werden, im Menschen."

Aus diesem Traumzustand 'erwachen' die einzelnen Organismen zu sehr unterschiedlichen Zeiten, das heißt, sie sind erst nach einer mehr oder weniger langen 'Abnabelungsphase' in ihrer jeweiligen Art vollkommen physisch. Das kann natürlich immer erst dann der Fall sein, wenn die Voraussetzungen für ihre Existenz bereits vorhanden sind. Ich möchte mich hier speziell auf den Menschen beziehen:
Der menschliche Körper benötigt jetzt Sauerstoff, Essen, Trinken und Schlaf, wo zuvor kein Bedarf war. Die körperlichen 5 Sinne nehmen nur noch physische Dinge wahr. Statt einer sofortigen, geistigen Geburt von Ideen und Gedanken erfolgt jetzt nach einer langen Zeit eine 'echte' Geburt. Immerhin haben die Nachkommen dieselben Fähigkeiten wie ihre Eltern. Durch Anschauung der Natur in ihrer Umgebung lernen die Menschen, ihr

Leben zu meistern. Intuitiv nehmen sie das, was da ist und verwenden es für ihr Leben. In ihrer Kreativität erschaffen sie sogar Neues, bisher nicht da Gewesenes. Ihre Gedanken und Gefühle werden zu bewussten physischen Handlungen. Und wenn du es genau bedenkst, geschieht heute immer noch dasselbe: Jedes physische Tun, jedes Ereignis wird vorher gedacht. Bewusstsein in all seinen Formen drückt sich in unserer Welt physisch bzw. materiell aus. Du kannst es dann wahrnehmen: sehen, hören, riechen, schmecken und spüren. So werden Gefühle und Gedanken für uns 'begreifbar'.

Hier beschreibe ich dir nur eine extreme Kurzfassung der Ereignisse und Vieles wird gar nicht angesprochen. Lass es einfach gut sein. Wie viele Millionen oder gar Milliarden Jahre diese Urzeit dauert, kann ich nicht sagen. Vermutlich ist es wohl auch zu Beginn extrem unruhig in unserer Welt. Jedenfalls, die Natur des Universums und der Erde ordnet sich und es verfestigen sich unter anderem nach und nach aus diesem Halbzustand auf unserer Erde die Mineralien, die Pflanzen, die Tiere und die Menschen.

Es versteht sich von selbst, dass unsere Ur-Vorfahren sich als Teil der Natur fühlen und nicht getrennt davon, so wie wir heute. Sie sind ja mittendrin. Und ihr Leben fühlt sich richtig an, sie sind aktiv, neugierig und kreativ. Sie können denken und haben Vorstellungskraft. Eigenschaften, die immer zu Veränderungen führen, auch wenn es manchmal dauert. ...

Nun wurden im Jahre 2015 im Allgäu Knochen von Menschen gefunden, die vor sagenhaften 12 Millionen Jahren einmal gelebt haben sollen. In Wissenschaftskreisen werden sie 'Danuvius guggenmosi' genannt. Mehr in Richtung heute gedacht, gibt es die bekannten Neandertaler und einige weitere Menschenarten, auch Ötzi ist dabei und schließlich gibt es heute den modernen Menschen, dessen Denkweise ich später noch beschreibe.

Kannst du dir vorstellen, wie die Menschen **damals** denken, wie sie leben, inmitten von purer Natur, die nicht immer freundlich ist? Deine Nachbarn sind Schlangen, Säbelzahntiger und Mammut; und es kommt vor, dass mal einer von deinen Freunden 'versehentlich' von einem Dinosaurierschwanz erschlagen wird. Da heißt es, achtsam sein, wie es uns heute die Krankenkassen ebenfalls empfehlen, wenn auch aus ganz anderen Gründen.

Tatsächlich gibt es in der Menschheitsgeschichte sogar lange Zeiten, in denen Menschen und Tiere in vertrautem Miteinander voneinander lernen. Ihre zweckmäßige Verständigung ist intuitiv, mit Lauten und Gesten. Die Menschen sprechen auch mit den Geistern von Spinnen, Vögeln, Bäumen, ja mit der ganzen Natur. Aus diesen Zeiten stammt der auch heute noch lebendige Glaube an Feen und andere Naturwesen. Durch Beobachtung der Tiere und durch die Kommunikation mit ihnen wissen die Menschen, wo sauberes Wasser ist, welche Pflanzen essbar sind und welche nicht, was sie zur Heilung verwenden können und Vieles mehr. Selbst das Sozialverhalten haben die Menschen von den Tieren gelernt. Wie hätte sich unsere Spezies wohl ohne die Hilfe der Tiere entwickelt? Heute fühlen sich die Menschen als 'Krone der Schöpfung' den Tieren so weit überlegen, dass eine Beziehung in gegenseitigem Verständnis nicht mehr denkbar scheint.

Die Menschen in der absolut nicht grauen Vorzeit haben ihre fünf Sinne, genau wie wir heute, können sich aber sehr viel besser darauf verlassen, denn sie gebrauchen sie ja ständig. Sie haben keinen Wasserhahn, kein Handy und keinen Supermarkt. Sie haben aber dieselben Grundbedürfnisse wie wir: Sie müssen atmen, trinken, essen, schlafen und kuscheln.

In jener Zeit sind die Menschen nachts aktiv, denn dann schlafen die meisten gefährlichen Raubtiere. Sie sind ja noch keine Bauern, die ihr Land tagsüber bestellen. In Gemeinschaft mit anderen fühlen sie sich wohl, denn gemeinsam können sie sich gegenseitig wärmen und für ihre Mahlzeiten größere Tiere erlegen, die nicht ihre Freunde sind. Es entwickelt sich unter den Menschen eine Art Aufgabenteilung, die abhängig ist von den besonderen Fähigkeiten der einzelnen Personen. Jeder Mensch hat den ihm zustehenden Platz. Wichtig ist die Verständigung untereinander, was zur Gebärdensprache führt und letztlich zur Sprache. An bestimmten Treffpunkten ritzen auch einige von ihnen Zeichen in die Felsen. Die Ur-Menschen jener Zeit empfinden sich selbst als natürlichen

Teil ihrer Umgebung. Sie nehmen die Natur mit all ihren Sinnen wahr und empfinden sie als Erweiterung ihrer selbst. Der Tod macht ihnen keine Angst, denn sie verstehen den Zyklus der Natur von Geburt und Tod. Sie spüren intuitiv, wenn Gefahr droht, wenn ein Unwetter kommt oder wenn sich ein Besucher nähert; und sie wissen genau, ob es ein Tier, ein Freund oder ein Unbekannter ist. Diese Menschen vertrauen ihren inneren Empfindungen, die stets zuverlässig sind. Sie identifizieren sich mit ihrem intuitiven Selbst und ihren Vorstellungen, die ihrem Verstand die Richtung weisen. – Heute ist das umgekehrt: Die Menschen identifizieren sich mit ihrem Verstand und glauben, er könnte alles wissen, während sie ihrer Intuition oft nicht mehr vertrauen.

Auch in der soweit zurückliegenden Zeit gibt es sicher schon Gourmets, die aus Beeren, Kräutern, Wurzeln, Blättern, Pilzen und anderen uns heute unbekannten Zutaten leckere und gesunde Mahlzeiten ohne Gift zubereiten können. Wenn die Menschen dann gemeinsam am Feuer sitzen und essen, ist es vermutlich wie heute auch: sie erzählen sich, was ihnen gefällt, was sie erlebt haben, was sie noch besser machen können, womit sie sich gut fühlen, womit sie Probleme haben usw. Sie erzählen auch von ihren Träumen, die ihnen oftmals Hinweise auf künftige Ereignisse geben, z.B. auf ein Treffen mit einer anderen Gruppe. Dann bleiben sie solange am Ort, bis die anderen eintreffen.

Wenn die Menschen erkennen, dass sich in den Jahreszeiten ihre Umgebung und ihre Nahrungsquellen verändern, wandern sie mit dem Wetter und ihren Leckereien übers Land. Da sie praktisch denken, werden auch immer kleine Vorräte angelegt aus Nüssen, Wurzeln und getrocknetem Fleisch. Sie sind sehr geschickt in ihren täglichen Handlungen. Für das Überleben der ganzen Gruppe ist es wichtig, dass die Älteren den Kindern das Wissen ihrer Vorfahren durch praktisches Vormachen beibringen. Es gibt sogar Zeiten, in denen die Menschen einige hundert Jahre alt sind, weil ihr Wissen und ihre Fähigkeiten von den Nachkommen gebraucht werden.

In diesen Zeiten von normaler Kooperation und Kommunikation untereinander und intuitiv mit Tieren, Pflanzen und Naturwesen denken die Menschen vorrangig an Dinge, die ihr Leben bereichern und ihr Überleben sichern. Sie leben im Rhythmus der Tages- und Jahreszeiten, sie sind noch keine Sklaven der Uhrzeit. Sie leben im Jetzt und denken nicht an vergangene oder zukünftige Probleme. Diese Menschen nutzen die Natur so, wie sie sie vorfinden, und verlassen sie nahezu unverändert. Insofern verhalten sie sich ebenso umweltfreundlich wie die Tiere.

Der Anblick der Sterne am Himmel, Stürme und starke Gewitter regen aber auch ihre Vorstellungskraft an und wecken eine kreative Neugier. Die frühen Menschen hören die Laute der Natur: Vögel zwitschern, jedes Tier gibt andere Töne von sich, Regen kann leise plätschern oder auf ein Blätterdach trommeln, Sturm heult, Wasserfälle rauschen aber ganz anders als das Meer oder ein großer Fluss, Grillen zirpen, Bienen und Insekten summen laut oder leise, und vieles mehr. So fangen auch die Menschen an, ihre eigene Musik zu machen, mit Hölzern, Trommeln und mit ihrer Stimme. Und sie bemerken schnell, wie sie mit Musik ihre Stimmungen und Gefühle beeinflussen können. Rhythmus und Tanz kann sie sogar in einen rauschartigen Trancezustand versetzen. Das passt gut für bestimmte Rituale.

Jeder Mensch hat einen angeborenen starken inneren Impuls zu wissen und zu lieben und er wird mit dem Verlangen geboren, Grenzen zu überschreiten. Vorstellungskraft und Kreativität sind der Antrieb dafür, dass sich das Denken der Menschen und all ihrer Nachkommen immer wieder verändert. All das ist in unserer Physiologie bereits angelegt. Wenn wir uns psychisch verändern, wird alles, was nötig ist, automatisch in uns aktiviert. Diese Ur-Vorfahren der heute lebenden Menschheit haben bereits alle Eigenschaften, die auch du hast. Sie denken zwar über ganz andere Dinge nach als du, aber sie denken, treffen danach ihre Entscheidungen und handeln entsprechend. Es wäre gut, wenn der moderne, oftmals zweifelnde Mensch das auch täte.

Willie meint: "Der Mensch, der mit sich selbst im Reinen ist, der sagt, was er denkt, und tut, was er sagt."

Egal, ob vor Millionen Jahren oder heute, es ist stets derselbe Mechanismus wirksam: Psychische Energie von Gedanken und Emotionen wird umgewandelt in Handlungen und damit in erfahrbare Wirklichkeit. So entstand einst unsere Welt und so entwickelt sie sich weiter. Unser bewusstes Wissen wird immer mehr Dinge umfassen können, so dass wir alle eines Tages sehr viel mehr über unser Dasein wissen als heute.

Schon Seneca der Jüngere (4 v.Chr. – 65 n.Chr.) meinte:
"Die Zeit wird kommen, wo unsere Nachkommen sich wundern, dass wir
so offenbare Dinge nicht gewusst haben."

Etwas zeitliche Einordnung kann dir möglicherweise nützlich sein, damit du dir die tatsächliche Lebensweise der frühen Menschen eventuell besser vorstellen kannst: Der Danuvius guggenmosi lebt vor rund 12 Millionen Jahren im Miozän, dem Zeitalter der Gebirgsbildungen z.B. des Himalaya, der Alpen, der Anden, der Rocky Mountains usw. Die Erdmassen des Planeten waren sehr beweglich. Es soll zu der Zeit auch wesentlich wärmer gewesen sein als heute. Die Zeit etwa ab 2,5 Millionen Jahre v.Chr. bis ca. 10.000 Jahre v.Chr. nennt sich Steinzeit. Darin gibt es lange sehr kalte und warme Perioden. Eiszeiten und Trockenzeiten wechseln sich ab und formen weltweit die Landschaften. Nach Studien aus 2021 und Knochenfunden sollen Neandertaler wahrscheinlich schon vor 500.000 Jahren gelebt haben. In der Kupfersteinzeit, die etwa von 5.500 bis 2.900 v.Chr. reicht, lebt 'Ötzi'. Dann kommt die Bronzezeit und wir nähern uns langsam dem 'modernen Menschen'.

In die Denkweise der so frühen Menschen kann ich mich nicht ganz einfühlen, obwohl wir doch alle Spuren von ihnen in unseren Genen haben. Es geht hier immerhin um 12 Millionen Jahre. Bewusstes Wissen über Gefühle, Wünsche und das echte Leben dieser Menschen scheint bisher nicht vorhanden zu sein. Ausgrabungen ermöglichen uns nur vage Vorstellungen, sie erzählen uns jedoch nichts über die Bandbreite der emotionalen Befindlichkeiten jener Menschen.

Hier ist eine Übung für dich: Schreib dir doch mal in Stichworten auf, was sich deiner Meinung nach alles im letzten Jahr ereignet hat. Vergleichst du das mit den Aufzeichnungen einer anderen Person über diese Zeit, dann merkst du, wie unterschiedlich ihr eure 'Schubladen' mit Erinnerung gefüllt habt.

Seit etwa 50.000 Jahren
Denken der frühen Aborigines

Heute ist die Bezeichnung Aborigines für die Ureinwohner Australiens im Englischen abwertend, deshalb nennt man sie Aboriginals. Im Deutschen ist die alte Bezeichnung jedoch in Ordnung.

Australien wird schon zuvor einige Male besucht, aber als um 1800 die Briten den Kontinent entdecken, haben sie endlich ein Land gefunden, in das sie ihre Sträflinge schicken können. Diese neuen Bewohner – Frauen und Männer - werden dort Jahrzehnte lang in relativ großer Anzahl angesiedelt. Von den Ureinwohnern sterben rund 70 % an eingeschleppten Krankheiten und vielen Massakern. Ein Goldrausch folgt und in den Jahren danach werden die Aborigines von den Weißen in großen Teilen grausam unterdrückt und umerzogen, und zwar **bis in die 1970er** Jahre hinein.

Von 1953 bis 1963 macht das britische Militär im Gebiet Maralinga sogar etliche Atombombentests, die Mensch und Natur zerstören. Nach mehreren Reinigungsversuchen des riesigen Gebietes wird den Ureinwohnern 2009 das Land zurückgegeben, obwohl die Strahlenbelastung das Wohnen dort auch heute noch immer unmöglich macht. Für die damals vertriebenen Einwohner ist Maralinga ein Ort des Todes. Heute werden stundenweise zahlende Touristen in das Gebiet geführt, was den Besitzern des Landes etwas Einkommen sichert.

Von der Gruppe Latin Quarter gibt es den Song 'After Maralinga'. Text und Musik sind empfehlenswert, hör gerne mal rein.

Wir kennen die Aborigines demnach erst seit rund 200 Jahren. In der langen Zeit **vor** ihrer Zwangsentdeckung leben sie frei in ihrem riesigen Kontinent mit den verschiedenen Klimabedingungen. Sie sind Jäger, Sammler und Fischer. Sie betreiben keinen Ackerbau und kennen keinen Landbesitz. Sie nehmen von der Natur und bewahren sie. Von jener Zeit möchte ich dir hier berichten, von ihrer Lebensweisheit und ihrer besonderen Art, sich und das Leben zu betrachten. Sie nennen sich dem Namen nach 'die ursprünglichen, **die wahren Menschen**'. Seit mehr als 50.000 Jahren leben sie nachweislich in Australien, ohne ihr Land zu zerstören. Wenn wir dagegen nur die letzten 100 Jahre unser Europa anschauen, dann ist das allein schon für uns heute unvorstellbar. Das liegt natürlich nicht an den besonderen Bedingungen auf ihrem Kontinent, sondern vielmehr an der vollkommen anderen Art dieser Menschen zu denken und zu handeln, an ihrer großen Naturverbundenheit. Die Aborigines jener Zeit sind so sehr eins mit ihrer äußeren Umwelt und vertraut mit ihrer inneren geistigen Welt, dass es in ihnen **keine Trennung** gibt zwischen ihrem intuitiven und ihrem intellektuellen Wissen. Ihre gesamten geistigen Fähigkeiten sind die Basis für ihr tägliches Leben. Sie finden dadurch alles, was sie benötigten, Wasser, Nahrung, andere Menschen oder bestimmte Orte zum Beispiel. Ihre Erzählungen, ihre Kreativität und Ihre Musik sind einzigartig. Sie leben in kleinen oder größeren Gruppen vertrauensvoll mit und in der Natur. Geistiges und Körperliches gehört für sie untrennbar zusammen, keines ist besser als das andere. Eine solche Sichtweise ist von keinem anderen Volk bekannt.

In den Überlieferungen der letzten 200 Jahre von Freunden der Aborigines können wir ihre Lebensweise nachlesen und in dem Buch 'Traumreisende' von Marlo Morgan wird ein alter Weiser beschrieben, der dir hier sehr eindrucksvoll die Kernpunkte seiner Philosophie aus dem 19ten Jahrhundert erläutert:

"**In der Zeit vor der Zeit** gibt es nur eine große bewusste Einheit. Diese Einheit beginnt zu träumen. Der Einheitsgeist dehnt sich in der **Traumzeit** aus und erschafft neue Einheiten mit Bewusstsein und freiem Willen. Die Regenbogenschlange ist der Träger dieser Geist-Energie, die unseren Ahnen das Sein ermöglichte, ebenso wie uns heute. Aus unsichtbarer Energie erschaffen, sind wir frei darin, die Welt so zu gestalten, wie wir wollen.

Die Ewigkeit ist wie ein Kreis von unvorstellbarer Größe. Sie hat **keinen Anfang und kein Ende**. Jeder Mensch ist ewig, denn er kommt aus der Ewigkeit und kehrt dahin zurück. Auf der Erde lernen wir durch Erfahrung. Als Geist der Ewigkeit wünschen wir uns, genau hierher zu kommen; an diesen Ort, in diese Zeit, zu diesen Menschen. Wir Aborigines betrachten die Welt wie ein Puzzle. Jeder Mensch ist an seinem einzigartigen Platz und ist ein **wesentlicher Teil** des Ganzen.

Jeder Gedanke, jedes Wort geht hinaus in die Welt und kann niemals zurückgeholt werden. **Absicht ist Energie, Handeln ist Energie.** Man kann sie nicht zurücknehmen.

All unsere Beziehungen sind Kreise; und es ist wichtig, jeden Kreis in Frieden zu schließen, auch wenn uns jemand sehr verletzt hat. Wir erkennen, dass die Person damit **nur sich selbst** zum Ausdruck bringt, und zwar auf der höchsten Ebene, die ihr möglich ist. Wir senden dieser Person dann in Gedanken unser Verständnis, volle Akzeptanz, Achtung und Liebe, beenden die Beziehung und schließen den Kreis.
Die Alternative wäre, das Gefühl der Enttäuschung weiterhin mit dieser Person in Verbindung zu bringen. Zehn Jahre später würde der bloße Gedanke an diese Person wieder dieses Gefühl hervorrufen, und das wiederum würde eine **physische Verzerrung unseres Körpers** hervorbringen, also eine Krankheit. **Das** wäre von uns gewiss nicht klug.
Jeder offene Kreis ist die spirituelle Herausforderung desjenigen, der den Kreis offen hält. Wir müssen nicht jeden Menschen mögen, aber die Wunden **in unserem eigenen Gemüt** sollten wir heilen, in unseren Gefühlen, in unserer Ganzheit - und den Kreis schließen.

Wir Aborigines lernen es, **unseren Körper zu verlassen** und unser Bewusstsein an einen anderen Ort zu projizieren. Wir lernen auch, uns gegenseitig unsere Gedanken und Gefühle zu senden und zu empfangen. Telepathie funktioniert auch über große Entfernungen.

Gefühle sollten nicht verborgen werden. Wenn du deine eigenen Gefühle nicht ehren kannst, wirst du auch die Gefühle anderer nicht ehren können.
Angst bringt den Energiefluss zum Stillstand. Angst stört den Blutkreislauf, den Herzschlag, die Atmung, das Denken, die Verdauung – einfach alles.

Und was du am meisten fürchtest, das manifestiert sich. Worauf du auch immer dein Augenmerk richtest, **das wird wachsen.**

Wir sind hier, um Gefühle zu erfahren und unseren Körper als Mittel zur Erlangung emotionaler Weisheit zu benutzen. Wir sind aus Sternenstaub gemacht, und am Ende werden alle Menschen erwachen und wissen."

Diese eindrucksvolle Lebensphilosophie der alten Aborigines zeugt von großer Weisheit. Wenn du diese Gedanken vergleichst mit dem Denken der ganz frühen Menschen, merkst du, was sich verändert hat. Jene waren mit ihrem Denken noch fast ausschließlich in die Natur und ihr tägliches Überleben eingebunden.

Die geistigen Fähigkeiten der Aborigines dagegen machen eine sehr viel größere Bandbreite von Erfahrungen möglich und somit ein vielseitigeres Leben. Sie verstehen die sie umgebende Natur in all ihren Formen, ja sie fühlen sich als Teil davon, und können deshalb sehr vertraut mit ihr umgehen. In einer Art, wie uns das heute absolut nicht möglich ist. Ihre vertrauensvolle Gemeinschaft und ihr tägliches Dasein im Hier und Jetzt ist ihnen wichtig, aber sie denken auch weiter. Sie kennen offenbar schon die Wirkung psychischer Zustände auf körperliche Krankheiten und wissen um die Wichtigkeit von Gefühlen wie z.B. Enttäuschung und Angst und können damit sinnvoll umgehen. Und dass 'jedes Puzzleteil' der Gemeinschaft wichtig ist, das ist schon ganz besonders.
→ Und führt automatisch zu mehr gegenseitiger Achtung.

Die Vorstellungen der Aborigines gehen weit über das tägliche Leben hinaus. Sie fragen sich: "Wie entstand die Welt, wo komme ich her und wo gehe ich hin?"
Hast du dich das auch schon mal gefragt? Wie denkst du selbst darüber? Wie wird in anderen Kulturen darüber gedacht?

Ich bewundere auch die Kreativität der Aborigines. Sie zeigt sich beim geschickten Gebrauch ihrer verschiedenen Werkzeuge, des Bumerangs, in der kunstvollen Malerei und Felsmalerei, in ihren Schnitzkunstwerken, in der Musik mit dem wunderbar gestalteten Didgeridoo und den Klanghölzern. Ihre Songlines, mit denen das

36

Land beschrieben wird, ihre Tänze, die teilweise der Ausdruck von Traumzeitgeschichten sind. Sie erzählen sich ihre alten **Mythen** und bauen damit Brücken zwischen ihrem instinktiven Wissen und ihren individuellen Gedanken. In all dem können wir die Liebe erahnen, die sie für ihre Art zu leben empfinden.

Der große Kontinent mit seinen unterschiedlichen Landschaften wird von ganz verschiedenen Stämmen bewohnt. Ihre Eigenarten, ihre Vorlieben und ihr Wissen richten sich danach, ob sie überwiegend am Meer, in Wäldern oder in der Wüste leben. Die Aborigines der alten Zeit sind gern unterwegs und haben keinen festen Wohnort. Aus entfernten Regionen treffen sie sich mehrfach im Jahr zu gemeinsamen Festen. Dann werden z.B. Hochzeiten geplant und Neuigkeiten und Waren ausgetauscht.

Es macht natürlich Sinn, dass die Aborigines ihre Kenntnisse und Fähigkeiten gern weitergeben. Sie tragen ihr Wissen in Liedern und Schauspielen vor und trainieren ihre Künste spielerisch vom Kindesalter an. Es gibt sehr effektive Lernmethoden. So lernt jeder schon in jungen Jahren zum Beispiel eine Gruppe anzuführen, wenn sie zu Fuß über das Land zu einem bestimmten Ort wollen. Der Anführer lernt dadurch zu führen und sich selbst und seinen Fähigkeiten zu vertrauen und die Gruppenmitglieder lernen dabei, geführt zu werden und dem Geschick des Anführers zu vertrauen, auch wenn der noch nie so etwas gemacht hat. Es ist dieses bedingungslose Vertrauen, das ihn oder sie immer den richtigen Weg finden lässt. Alle haben dasselbe Ziel und wegen der Führungsrolle gibt es keinen Neid, denn jeder wird sie einmal ausüben.

Die jungen Menschen erfahren selbst die Konsequenzen ihres Handelns und lernen daraus. Die Stammesführer sind Vorbilder für den ganzen Stamm, sie sind loyal und vertrauenswürdig. In diesen Gemeinschaften gibt es keine Maskendeals und keine Korruption.

Sicher haben die Menschen damals in den Himmel geschaut und die Sterne bewundert, sie haben auch wie wir geträumt, aber vermutlich haben sie ihre Wahrnehmungen und Träume ganz anders interpretiert. Ich habe hier die ursprünglichen Aborigines beschrieben nach Berichten um 1900. In den 50.000 Jahren ihrer Geschichte hat sich ihr Denken mit Sicherheit mehrfach sehr verändert. Denk zum Vergleich an die Europäer und daran, wie sich ihr Denken allein in den letzten 100 Jahren verändert hat. Und schau, wie sich dein eigenes Denken sogar im Laufe deines Lebens verändert. Über die Gedanken der frühen Menschen auf unserer Erde wissen wir heute tatsächlich nur sehr wenig.

Die Geschichte der Aborigines beginnt in der sogenannten Vorge-schichte der Menschheit bis in die heutige Zeit. Diese Menschen überstehen auf ihrem Kontinent mehrfach extreme Klimaverän-derungen. Es gibt lange Kaltzeiten und lange Trockenzeiten mit großer Wärme, oft mehrere Tausend Jahre lang. Insgesamt hat die Erde bisher viele solcher Perioden durchgemacht. Dabei hat sich Eis gebildet und ist wieder geschmolzen, Meere sind angestiegen und haben sich wieder gesenkt, Gebirge haben sich gebildet, in Wüsten haben sich Pflanzen angesiedelt usw. – Du siehst, die Erde lebt und das wird sich wohl auch nicht ändern.

Im Kontinent Australien sind heute neben der immer noch vorhandenen großartigen Natur auch große Städte und all die Segnungen der neuen Zeit, die auch bei uns üblich sind. Gleichberechtigt neben den Weißen sind die Ureinwohner allerdings immer noch nicht. Erst in den letzten Jahren wird es etwas besser. Die von mir beschriebenen Ureinwohner sind Geschichte. Nur wenige leben noch sehr naturverbunden. Vermutlich findest du im ganzen Land nur noch sehr selten die Fähigkeiten der 'alten' Aborigines, ihre Gelassenheit und ihre Gewissheit, jetzt und in Zukunft das Richtige zu leben.
Die neue Lebensart der Australier ist einfach völlig anders geworden.

Seit etwa 35.000 Jahren
Denken im Sinne von Schamanen

Nun komme ich zu den Schamanen, die in vielen Teilen der Erde seit gut 35.000 Jahren bekannt sind. Ein Schamane ist 'jemand, der weiß'. Die jeweiligen Bräuche sind sehr unterschiedlich. Schamanen sind Philosophen, Priester, Magier, Heiler, Lehrer und vieles mehr. Sie werden z.B. Hodscha, Hoca, Sangoma oder Curandero genannt. Schamanen sind oft Vermittler zwischen der materiellen und der geistigen Welt, wenn sie mit Verstorbenen sprechen und Heilrituale abhalten, Hand auflegen oder Schamanische Reisen unternehmen in die Unter-, Mittel- und Oberwelt, oder auch mutige Menschen dazu bringen, über glühende Kohlen zu laufen. Weltweit werden Schamanen gern zur Lösung verschiedenster Probleme gerufen oder aufgesucht. In Deutschland sind die sogenannten 'Knochenbrecher' bekannt, die schon seit langer Zeit in der Regel für das Heilen von Tieren gerufen werden. Allerdings wird auch eine verspannte Schulter, der Ischiasnerv oder ein überanstrengter Rücken gern mal nebenbei in Ordnung gebracht.

Viele Naturvölker versuchen heute, ihre eigenen Wurzeln besser zu verstehen, um sich wieder **ganz** zu fühlen. Dazu gehört auch für die Indianer, Eskimos, Aleuten, Afrikaner, Maori usw., dass sie ihre ursprüngliche Sprache und ihre alten Bräuche wieder ausüben wollen. Hier in Nordeuropa sind die plattdeutschen Sprachen in der Literatur, in Veranstaltungen und auch in der Musik recht beliebt.

Wenn du magst, hör gern rein bei der Gruppe Lars Linek und Dixi mit den Songs "Dat Gliekt Sik Ut" oder "De Nee'n Wogen".

In diesem Kapitel möchte ich dir vom neuen **hawaiianischen Schamanismus** erzählen. Die ursprünglichen Lehren werden von den regierenden Weißen lange Zeit unterdrückt, ihre Anwendung ist bis in die 1970er Jahre verboten. Der starke Wunsch, dieses Wissen nicht ganz versanden zu lassen führt dazu, dass seit dem letzten Jahrhundert ein neuer Schamanismus entsteht, der sich jedoch ziemlich am Original anlehnt.

Die in manchen alten Traditionen weltweit gepflegten extremen und sehr exotischen Bräuche von Schamanen werde ich hier nicht beschreiben, du findest sie ausführlich in der Literatur. Hier beschäftige ich mich mit dem Denken, deshalb wähle ich einige Auszüge der Huna-Philosophie aus Hawaii. Im Gesamtkonzept dieser neuen Lehre sind sowohl alte als auch neue Elemente enthalten.

Huna bedeutet 'verborgenes Wissen', der Schamane nennt sich Kahuna. Bei uns wird dieser neue Schamanismus vor allem durch den Kahuna und Heiler Serge Kahili King bekannt. Als Beispiel aus seinem Buch 'Der Stadt-Schamane' erhältst du hier einige spirituelle Einblicke in die Huna-Lehre:

"**N**ach unserem Verständnis **ist jede Krankheit selbst erzeugt.** Sie ist eine Auswirkung von psychischen Spannungen, die nicht gelöst wurden. Heilung beginnt durch Lösen der Spannungen. Dann kann die Energie wieder frei durch den Körper fließen.

Wir gehen davon aus, dass ständig **alles träumt**, nicht nur die Menschen. Auch unsere jetzige Wirklichkeit ist ein Traum, den wir erschaffen. Durch absichtsvolles, bewusstes Träumen kann der jetzige Traum durch einen neuen Traum ersetzt werden. **Haipule** heißt diese uralte Methode. Dabei stellst du dir in inneren Bildern vor, dass das, was du dir sehnlichst wünschst, **schon eingetreten ist.** Du stellst dir den bereits erfüllten Wunsch vor und fühlst dies möglichst intensiv und voller Freude mehrmals am Tag. Danach bestätigst du den neuen Traum jedes Mal durch eine symbolische oder echte kleine Geste. So kann sich der Traum durch die inneren Mechanismen verwirklichen.

Sieben schamanische Prinzipien prägen unsere Huna-Philosophie, nach der wir unser Leben gestalten. Dies ist unsere Basis:

1.   Die Welt ist so, wie **du** sie siehst
Es gibt keine von uns losgelöste objektive Wirklichkeit, jeder erschafft sich seine eigene subjektive Wirklichkeit. Deine Sichtweise formt das, was du wahrnimmst und was dir geschieht. **Durch die Macht deines Denkens veränderst du deine Wirklichkeit.**

2. Es gibt keine Grenzen

Im grenzenlosen geistigen Universum werden **schöpferische Grenzen** geschaffen, die uns befähigen, das Leben auf der Erde zu leben. Schöpferische Begrenzung erlaubt uns, unsere kreativen Fähigkeiten zu verbessern. Behindernde Begrenzungen sind dagegen Ideen und Überzeugungen, die zu Hoffnungslosigkeit führen oder Rache und Grausamkeit gutheißen.

3. Die Energie folgt der Aufmerksamkeit

Die Energie des Universums wird durch dein Denken gebündelt und manifestiert sich entsprechend. Beschäftigst du dich mit negativen Gedanken, förderst du das Entstehen einer negativen Wirklichkeit. Bist du dir deiner Stärken bewusst, wird sich auch dein Leben eher positiv entwickeln. Wenn negative Gedanken dir bewusst werden, **ersetze sie durch positive**. Auch vergangenes Erleben kann so umprogrammiert werden.

4. Jetzt ist der Augenblick der Macht

Nur im Hier und Jetzt kannst du **wirksam** sein. Deine gegenwärtigen Überzeugungen, deine Entscheidungen und dein Handeln, die **jetzt** deine Aufmerksamkeit haben, werden in deiner Wirklichkeit gespiegelt. Jeder Tag ist eine neue Schöpfung und jede Gewohnheit lässt sich in jedem Moment verändern.

5. Lieben heißt, glücklichsein mit ...

Liebe existiert in dem Maße, in dem du mit dem Gegenstand deiner Liebe glücklich bist. In jeder Beziehung – zu wem oder was auch immer - kommt das Glücklichsein aus Liebe; aber aus Angst und Zweifeln das Unglücklichsein. Wenn du jemanden oder etwas kritisierst, verspannt sich dein Körper. Wenn du dich und alles andere lobst, steigerst du deine Kraft und dein Wohlgefühl.

6. Alle Macht kommt von innen

Die Quelle des Lebens ist unendlich und du bist ein Teil dieser Quelle. Alles, was dir geschieht, ziehst du schöpferisch an durch das, was du glaubst, erwartest und befürchtest. Wenn es in **deiner** Macht steht, das Geschehen zu erschaffen, dann steht es **auch** in deiner Macht, es zu verändern. Stell dir mit all deinen Sinnen vor, dass du **dein Ziel bereits erreicht hast**, dann wird es geschehen.

41

7.   Wirksamkeit ist das Maß der Wahrheit

Das unendliche Universum hält für alle Probleme viele Lösungen bereit. Es geht darum, Harmonie ins eigene System zu bringen, Heilung zu ermöglichen. Gewaltsame Mittel erzeugen gewaltsame Ergebnisse; friedvolle Mittel erbringen friedvolle Resultate. Wenn du ein gutes Ziel hast und deine Methode dich nicht zum Ziel geführt hat, **ändere deine Methode, nicht dein Ziel.**

Segne die Gegenwart, vertraue auf dich selbst
und erwarte das Beste !"

Mit diesen Wünschen endet die Beschreibung der Huna-Lehre. – Und tatsächlich: Wenn du dein Leben liebst, dir selbst vertraust und stets eine gute Entwicklung erwartest, dann unterstützt du damit deine Gesundheit auf magische Weise.

Du kannst die Prinzipien der neuen Huna-Philosophie als Gebote betrachten; nach ihnen soll das Leben allein oder in Gemeinschaft mit anderen gut funktionieren. Es ist eine aufbauende, lebensbejahende Denkweise, die allerdings jedem Einzelnen die volle Verantwortung für sein Denken und Tun auferlegt. Den eigenen Gedanken wird sogar die Macht zugeschrieben, Ereignisse und Materielles zu erschaffen oder zumindest anzuziehen. Anders als in den uns bekannten großen Glaubensrichtungen, in denen ein 'Gott' alles erschafft und lenkt.

Dieses **selbst verantwortliche** Denken finden wir ebenfalls im Yoga wieder, auch vor fast 2.500 Jahren bei Sokrates und seit 1963 bei Seth, einem 'Geistlehrer', der 21 Jahre lang viele Bücher durch die Schriftstellerin Jane Roberts gechannelt hat. Die moderne Wissenschaft hält diese Art zu denken mittlerweile für sehr förderlich in Bezug auf die Resilienz. Tatsächlich stärkt sie dein Immunsystem und trägt zur psychischen und körperlichen Gesundheit bei. Dazu später mehr in meinen drei Vorträgen.

Von Schamanen allgemein ist bekannt, dass sie seit 35.000 Jahren in allen Regionen der Erde ihre Rituale ausüben. Die meisten von ihnen sind damals Außenseiter. Wenn sie auch oft privilegiert behandelt werden, so werden sie andererseits auch gefürchtet, so dass Freundschaften selten sind. Gemeinsamkeiten werden oft durch Aberglauben verhindert. Die Menschen haben große Angst vor Besessenheit oder vor Zauberei. Diese Angst ist auch heute noch zum Teil in der Bevölkerung vorhanden, aber die modernen Schamanen werden doch eher bewundert als gefürchtet.

Im Laufe ihrer Geschichte haben auch die Schamanen extreme Klimaveränderungen überstanden. Sie gehen ihrer Berufung ja auch in recht unwirtlichen Gegenden nach, z.B. in Sibirien und in Wüstengebieten. Schamanen sind bereits unterwegs in der Zeit der Höhlenmalereien, in der Zeit der Bisons und der ersten Werkzeuge, um diese zu erlegen. Erst viel später beginnen die Menschen mit dem Ackerbau und werden sesshaft.

Und wie du siehst, hat sich die Denkweise im Vergleich zum Denken der ganz frühen Menschen und der alten Aborigines erneut verändert. Ihre Beziehung zu Tieren und zur Natur ist nicht mehr direkt, sondern eher mystischer Art im Sinne von Krafttieren und gedanklichen schamanischen Reisen in die verschiedenen Welten.

Heute leben die sehr unterschiedlichen Schamanen auf unserer Erde ganz anders als ihre Vordenker. Ihre Lebensgrundlage ist normalerweise gesichert, was Essen und Trinken betrifft. Sie können sich jetzt mit dem Sinn des persönlichen und allgemeinen Lebens befassen. Statt dem Einssein mit der Natur wird **eine Trennung** zwischen den Menschen und der übrigen Natur deutlich. Das schamanische Wissen wird nicht mehr bedingungslos weitergegeben. Viele Schamanen behalten ihr Wissen für sich, ja sie halten es sogar geheim, und erreichen dadurch oft einen besonderen Status in der Gesellschaft. Den geistigen, spirituellen oder psychischen Anteilen des Menschen wird aber zumeist noch eine große Kraft zugeschrieben.

Schamanen bieten heute ihre unterschiedlichen Dienste im Internet, in den sogenannten sozialen Medien, in Zeitschriften oder per Telefon an. Sie schreiben Bücher, halten Vorträge, bieten Seminare und Einzelsitzungen an, manchmal in wunderschöner Umgebung oder sogar auf Urlaubsinseln. Die Sehnsucht der

Menschen nach schamanischen Ritualen und nach alten Zaubermitteln für die Gesundheit ist zu einem großen Geschäft geworden, in dem auch sogenannte 'schwarze Schafe' ihren Platz finden. Von solchen 'Tieren' hast du vermutlich aber auch schon in unserem ganz normalen Gesundheitswesen gehört. Meiner Meinung nach hat alles, was Menschen heilt, seine Berechtigung, egal ob alt oder neu. Schamanische Anwendungen sind in jedem Fall oft beeindruckend.

Wenn du magst, kannst du jetzt gern diese Übung einmal ausprobieren:

Erfahre die Macht deiner Liebe – durch Loben
→ Setz dich bequem hin und schließe die Augen. Denk an dich selbst und daran, was für ein wunderbarer Mensch du bist, einzigartig und liebenswert. Was hast du alles schon getan, wie viel Freude hast du schon verbreitet. **Lobe dich** nun selbst in Gedanken für jede deiner guten Eigenschaften, für jedes Tun und jede Verhaltensweise, die dir in den Sinn kommt. Denk an die vielen Kleinigkeiten in deinem Leben – und lobe dich dafür. Falls dir nichts mehr einfällt, darfst du dich auch gern wiederholen. Lobe dich.

Wenn spontan negative Gedanken oder Selbstkritik hochkommen, ignoriere das. Bleib einfach dabei, dich zu loben. Lobe dich mindesten drei Minuten lang oder bis du wirklich fühlst, wie einzigartig du bist. ...

Und wie fühlst du dich danach? Wäre es nicht wunderbar, diese kleine Übung auch mal z.B. an einen regnerischen Novembertag zu machen und vielleicht auch länger? Vielleicht kannst du mit dieser Übung auch anderen Menschen eine Freude machen.

Seit etwa 5.000 Jahren
Denken im Sinne des Yoga

Die Wissenschaften Ayourveda und **Yoga** sind in Indien seit ca. 5.000 Jahren bekannt. Ayourveda bedeutet 'die Weisheit des Lebens oder die Lehre der Langlebigkeit'. Yoga heißt 'vereinigen'. Es geht dabei um die 'Vereinigung von Körper, Geist und Seele' und die 'Verbindung zwischen individuellem und universellem Bewusstsein'. Durch Yoga entsteht Harmonie im Körper-Geist-System, denn mit körperlichen Übungen (Asanas), Atemtechniken (Pranayama) und Meditation werden äußere und innere Sinne sowie beide Gehirnhälften gleichermaßen angesprochen.

In Europa kennen wir Yoga erst seit fast 60 Jahren. Der einstige Großmeister des Yoga, B.K.S. Iyengar, macht schon 1966 mit seinem Klassiker 'Licht auf Yoga' den Hatha-Yoga bei uns bekannt. Die Zeitschrift GEO beschreibt 2013 in einer umfassenden Studie sehr eindrucksvoll, was Iyengars Yoga kann. Erstaunliche gesundheitliche Besserung gibt es **u.a.** bei Migräne, Demenz und Blutdruckproblemen. Mich persönlich beeindrucken besonders die signifikanten Besserungen bei Krebs und bei posttraumatischen Belastungsstörungen. Es wird nachgewiesen, dass durch Yoga auch **Gene** zum Positiven hin **verändert werden**.

Der indische Arzt Dr. Deepak Chopra bringt mit seinen Büchern, Meditationen und Vorträgen die Yoga-Weisheiten seines Landes in die westliche Welt. Er gilt durch seine ganzheitlichen Ansichten als der Prophet der alternativen Medizin. Er meint: Auch die modernste Medizin versteht weniger als zehn Prozent von dem, was unser Körper instinktiv weiß. Seine Meditation 'Vollkommene Gesundheit' hat mich besonders beeindruckt. Daraus möchte ich dir gern etwas übermitteln, hier als spirituelles Denken eines weisen, indischen Yogi:

"Schon in den Veden, unseren alten Überlieferungen, waren die Energiekörper bekannt, die uns Menschen unsichtbar umgeben. In der Heilung spielen die Energiebahnen unseres Körpers, die

Meridiane oder Nadis, eine wichtige Rolle, ebenso die Energiezentren, die Chakren. Wenn Blockaden den Energiefluss in unserem Körper behindern, entsteht Krankheit.

Der Zweck von Yoga in all seinen Formen ist es, unser **Bewusstsein zu wecken** und unser Verständnis von unserem wahren Selbst zu vergrößern. Yoga ist nicht etwas, was man macht, es ist vielmehr **eine Lebensweise**, die alle Aspekte unseres menschlichen Daseins – wie in einer Melodie – in Harmonie bringt. Körper, Geist und Seele sind im Einklang miteinander, so dass wir in voller Lebensfreude, vital und gesund leben können.

Unser wahres Selbst ist reines Bewusstsein mit unbegrenztem Potential. Jeder Mensch ist absolutes Sein, ein Feld aller Möglichkeiten. Alle Lebewesen werden durch Prana belebt. Prana ist die Quelle aller Energie, aller Intelligenz und unendlicher Organisationsfähigkeit. Beim Zusammentreffen von Körper und Geist, dort wo sich Gedanken in Materie verwandeln, entsteht bei der Geburt des Menschen sein Körpertyp. Er wird durch drei Doshas repräsentiert. Diese sorgen in einer einzigartigen Zusammensetzung für die Bewegung von Psyche und Körper, für den Stoffwechsel und für die Stabilität der festen Strukturen des Körpers. Die Funktion der Doshas entspricht ganz grob gesagt in etwa einer Blaupause des Menschen.

Wir Menschen haben einen inneren Impuls, der uns stets zur Überwindung unserer eigenen gedachten Grenzen drängt. Durch **Selbsterkenntnisse** halten wir unser Körper-Geist-System dynamisch und in ständiger Entwicklung, vor allem dann, wenn wir unseren Geist trainieren, gute Gewohnheiten zu entwickeln. Unsere innere Weisheit sagt uns, wie unser wunderbarer Körper am besten gesund und ausgeglichen bleibt. Wir können unserer Intuition vertrauen. Das Geheimnis eines langen, gesunden Lebens besteht darin, **auf unseren Körper zu hören**.

Mit unseren Gedanken, Gefühlen und Absichten steuern wir unsere Physiologie, denn unsere Zellen hören diese Signale und verändern dadurch ihren Zustand. Wir haben tatsächlich die Fähigkeit, unseren Körper durch unsere Gedanken **zu heilen oder**

zu vergiften, deshalb ist es unsere Aufgabe, für ein optimales Wohlbefinden positive Gedankenmuster zu bilden. Es ist sogar unsere Pflicht gegenüber dem Rest der Menschheit, denn wenn wir krank sind, stören wir die Harmonie des Kosmos.

In der Meditation gehen wir von Zeit zu Zeit gedanklich durch unseren Körper, zeigen all unseren Zellen unsere Liebe und Wertschätzung und lösen uns dabei von allen negativen Selbstgesprächen.

Wir Menschen reagieren oft unbewusst, manches ist uns auch bewusst. Wir sind aber erst wirklich bewusst, wenn wir erkennen, **warum** wir z.B. schädliche Gewohnheiten haben und unser Verhalten dann selbst verändern können. Wirkliches Bewusstsein verbindet uns mit unserem wahren Selbst und befähigt uns, in jedem Moment die **beste Wahl** für uns zu treffen. Unsere äußere Welt spiegelt unsere innere Welt.

Es ist nicht egoistisch, ein glückliches und harmonisches Leben in Freude anzustreben. Es ist **unser Geburtsrecht** und die Grundlage für optimales physisches, mentales und spirituelles Wohlbefinden. Nur dann können wir unsere Lebensaufgabe, unser Dharma, am besten erfüllen.

Wenn du etwas Neues beginnen willst, nimm deine Gedanken mit in die **Meditation**. Dort, wo du deinem wahren Selbst ganz nah bist, pflanze den Samen deiner festen Absicht in den Schoß der Schöpfung ein. Sei sicher, deine Absichten und Wünsche werden von kosmischer Intelligenz unterstützt." Bis hier der weise Yogi.

Yoga ist eine Lebensart, die dir Freude an deiner körperlichen und psychischen Gesundheit und Beweglichkeit bereitet. Sie wird seinerzeit von Menschen entwickelt, die Muße zum Denken und Üben haben. Es sind die Priester und Gelehrten, die in der indischen Kultur große Macht besitzen. Sie brauchen sich nicht wie die übrige Bevölkerung um ihre täglichen Bedürfnisse zu sorgen. Mit Yoga haben sie uns ein großartiges Erbe hinterlassen. Ich finde es fantastisch, dass diese alten Überlieferungen heutzutage auch Eingang in unsere westliche Kultur finden. Wir leben zwar nicht 'yogisch', die Ausübung der Körper- und Atemübungen und der Meditation hat jedoch in unserer Zeit mittlerweile eine große Bedeutung. Die Wirkung von Yoga für deine allgemeine Gesundheit kannst du nur dadurch erfahren, dass du es ganz praktisch in dein tägliches Leben integrierst. Zum Beispiel jeden Tag eine halbe Stunde Training oder Meditation.

Yoga-Übungen eignen sich hervorragend für den Muskelaufbau, einen starken Rücken und elastische Sehnen und Gelenke. Durch die Atemtechniken wird das Blut sehr gut mit Sauerstoff versorgt. Zur Heilung werden mentale Übungen mit den Energiekörpern, den Energiebahnen und den Chakren angewendet. Unsere sogenannten 'Volkskrankheiten' sind diesem starken 'Yoga-Medikament' nicht gewachsen.

Die Wirkung von Yoga beschränkt sich aber nicht nur auf die körperliche Gesundheit. Deshalb kann hier die Wirkung auf die Psyche nicht unerwähnt bleiben. Zumal allein in Deutschland jährliche Zuwachsraten von psychischen Störungen von nahezu 10% erreicht werden. Etliche Studien weisen inzwischen nach, dass sich das physische Gehirn durch das Praktizieren von Meditation verändert und damit auch das Denken. Du bist gelassener, weniger aggressiv, kannst schneller reagieren, bist hilfsbereit und weniger ängstlich, du hast eine größere Auffassungsgabe.

Wenn du diesen Zustand erreichst, ist das Leben leicht. Du empfindest keine Hindernisse mehr auf deinem Lebensweg, sondern nur Herausforderungen, die du mit großer Energie lächelnd meistern kannst.

Viele Yogis erlangen durch ihr Training auch ein erweitertes Bewusstsein. Sie können sich unter anderem einige ihrer Reinkarnationen bewusst machen und daraus für das jetzige Leben wichtige Erkenntnisse gewinnen. Natürlich funktioniert das alles ohne Drogen und ohne chemische Substanzen. Du hast immer alles, was du brauchst, in dir. Hier ist allein die eigene Verantwortung nötig, um dich von der Couch zu ziehen. Der Erfolg lässt dann nicht lange auf sich warten.

Es gibt verschiedene Yoga-Arten mit unterschiedlicher spiritueller Ausrichtung. Die Natur wird allgemein von Yogis sehr geschätzt, häufig wird im Freien trainiert. Weltweit finden Treffen und Kurse heute in Zeltlagern oder in naturnahen Umgebungen statt. Dabei wird auch wert auf gesunde Speisen gelegt. Es gibt Rituale, die ein Einssein mit der Natur zelebrieren, wodurch aber eher deutlich wird, wie weit sich der Mensch mittlerweile von der Natur entfernt hat. Die zivilisierte Lebensweise in den Städten erlaubt oft nur ein paar Parks und grüne Wiesen für Hunde.

Das Wissen über Yoga ist heute jedem Interessierten zugänglich, während es fast 5.000 Jahre lang nur Wenigen bekannt ist und eher als Geheimwissen vorliegt. Das liegt natürlich auch daran, dass die alten in Sanskrit abgefassten Beschreibungen nicht leicht zu übersetzen sind. Andererseits soll seinerzeit 'das Volk' dienen und sich nicht mit den Themen der Gebildeten befassen. Die Menschen werden zu der Zeit auch nicht mehr nach ihren Fähigkeiten eingesetzt, sondern danach, wie nützlich sie für jene sind, die das Sagen haben. Hierarchien bilden sich, Reichtum und Armut sind eine Folge von Angst und fehlender Empathie. Der Reiche und Mächtige befürchtet, seine Privilegien zu verlieren. Die Menschen beginnen allgemein damit, ihren Selbstwert über Macht, Besitz und Leistung zu definieren.

In jener Zeit wird Yoga auf eine Art und Weise beschrieben, die eindeutig vom Verstand geprägt ist. Die Wirkung der großen spirituellen Kraft auf die Gesundheit von Körper und Psyche wird deutlich gemacht und konkret benannt, ohne jegliche Mystik. Die 'Yoga-Väter' sind geistig sehr auf das intellektuelle Verstehen ausgerichtet. Wissen wird übrigens nicht mehr generell, sondern nur noch an Gleichgestellte weitergegeben.

In früheren Zeiten war es aus praktischen Gründen gewünscht, dass alle Mitglieder des Volkes alles wissen. Jetzt scheint es den Wissenden im Gegensatz dazu gar nicht mehr recht zu sein, in einer Welt von Wissenden zu leben. Sie hätten dann keinen besonderen Status mehr. Und außerdem können sie Unwissende leichter für alle Tätigkeiten einspannen, zu denen sie selbst keine Lust haben. – Erkennst du hier Parallelen zu heute?

In dieser Zeit verfestigen sich Vorurteile und ein entsprechend bewertendes Denken, das uns heute noch zu schaffen macht. Die Abgrenzung wird wichtig zwischen Mensch und Natur, reich und arm, wissend und unwissend, Mann und Frau, mächtig und ohnmächtig usw. Die Zugehörigkeit zu bestimmten Gruppen wird wichtiger als der einzelne Mensch. Diese Spaltung finden wir heute weltweit in sehr vielen Bereichen und wesentlich extremer. Schau dir die täglichen Nachrichten an, dann weißt du, was ich meine. Aber sei dir klar darüber, **niemand zwingt dich** in diese oder jene Rolle, sondern jeder einzelne Mensch denkt, entscheidet und handelt. Jeder ist ein Individuum, ein einzigartiges Wesen, du natürlich auch und du gehst **deinen** Weg.

Hier möchte ich dir noch etwas über die Zeit berichten, als Yoga entwickelt wird. Die Gleichberechtigung von Mann und Frau, wie es sie in der Frühzeit der Menschen gibt, ist nicht mehr vorhanden. Ebenso ist die Obrigkeit klar abgetrennt von der übrigen Bevölkerung. Es ist ca. um 3.000 vor Chr., die Zeit nach den Höhlenmenschen und nach der Entstehung von Jericho, etwa in der Bronzezeit. In Ägypten gibt es die erste Schrift, die Pyramiden werden erbaut in Sakkara und Gizeh. Zu der Zeit gibt es die ersten sumerischen Stadtstaaten mit künstlicher Bewässerung und einer Art Bilderschrift, ebenso Viehzucht von Rindern, Schafen, Schweinen und Ziegen sowie Ackerbau von Mais und Getreide. Stonehenge wird in dieser Zeit errichtet, der legendäre König Gilgamesch lebt in Uruk. Keramiken aus jener Zeit werden heute in Europa und Amerika gefunden. Erst rund 1.500 Jahre später kommt die Zeit der wunderschönen Königin Nofretete; und noch mal rund 1.400 Jahre später ereignet sich die Christus-Legende, nach der Jesus in Jerusalem gekreuzigt worden sein soll.

Ja, Yoga ist wirklich schon sehr alt und dennoch kannst du dich damit heute noch fit machen und gesund erhalten.

Es gibt wunderbare Yoga-Musik, von besinnlich bis zum wilden Tanzen.
Hör dir gern mal diesen sehr bekannten Titel an:
Magical Healing Mantras von Namasté, Titel: Shiva Shambho

1986 die Ottawa-Charta der WHO
und das Denken des modernen Menschen

Am 21. November 1986 führt die Weltgesundheitsorganisation in Ottawa zum ersten Mal eine internationale Konferenz zur Gesundheitsförderung durch. Alle 53 Teilnehmerländer von damals verpflichten sich, **alles dafür zu tun**, um bis zum Jahr 2.000 weltweit Gesundheit für alle zu ermöglichen. Ich möchte dir hier gern einen kleinen Auszug aus der Ottawa-Charta zitieren:

"Grundlegende Bedingungen und konstituierende Momente von Gesundheit sind: Frieden, angemessene Wohnbedingungen, Bildung, Ernährung, ausreichendes Einkommen, soziale Gerechtigkeit und Chancengleichheit, ein stabiles Öko-System und eine sorgfältige Verwendung vorhandener Naturressourcen. Jede Verbesserung des Gesundheitszustandes ist zwangsläufig **fest** an diese Grundvoraussetzungen gebunden."

Weiter wird 1986 sinngemäß gefordert: "Wenn wir das erreichen wollen, brauchen wir eine neue gesundheitsfördernde Gesamtpolitik, die nicht das Geld, sondern **den Menschen** in den Mittelpunkt stellt. Politikern muss deutlich werden, dass sie verantwortlich sind für die gesundheitlichen Konsequenzen ihrer Entscheidungen. Dies betrifft grundsätzlich **alle** Bereiche der Politik."

Die WHO fasst hier wunderbar zusammen, was weltweit für eine menschliche Gesellschaft klug und sinnvoll ist. Die Anregungen der Charta sind heute noch genauso gültig wie 1986. Allerdings fehlt es den leitenden Köpfen ganz offenbar an gutem Willen und Umsetzungskompetenz. Denn leider stellen wir heute fest, dass die Staaten sich 37 Jahre später **immer noch nicht** an ihre erste Vereinbarung halten, ja noch nicht einmal mehr den Versuch dazu unternehmen. Dennoch bleibt die Ottawa-Charta von 1986 für eine positive Entwicklung der Menschheit richtungsweisend. Durch die darin beschriebenen Maßnahmen könnten die meisten unserer globalen Probleme gelöst werden und nicht nur für die Gesundheit wirklich sehr gute Voraussetzungen weltweit geschaffen werden. Schau dir im Internet gern den ganzen Text der Charta an, dann weißt du, was möglich ist, **wenn es gewollt ist**. Die WHO hat mittlerweile diese Ziele aufgegeben, die Probleme in der Welt sind weiter gewachsen. Was ist seitdem geschehen?

Cicero (106 v.Chr.–43 v.Chr.) fragte schon vor sehr langer Zeit
Cui Bono: Wer hat den Nutzen davon?

Genau an dieser Stelle beginne ich noch einmal ganz von vorn mit der Entwicklung des menschlichen Denkens. Im Zusammenhang mit den Ereignissen der Zeit wird die Veränderung deutlicher.

Zwischen den in und mit der Natur lebenden Menschen in der Frühzeit ist es sehr viel friedlicher. Sie überleben u.a. den Stirton-Donnervogel, das Riesengürteltier und die Dinosaurier. Sie haben einfach zu viel mit ihrem täglichen (Über-)Leben zu tun und müssen sich in dieser rauen Welt aufeinander verlassen können. Wenn es doch mal Streit gibt, sind es persönliche Unstimmigkeiten, die schnell geklärt werden. Es geht dabei vermutlich um praktische Dinge wie Beute, Höhle, Frau/Mann und vielleicht noch um das beste Stück Fleisch.

     Während einer sehr langen Zeitspanne gibt es so etwas wie eine natürliche Notwendigkeit, die Dinge so zu nehmen, wie sie sind, und das Beste daraus zu machen. Das heißt, die Menschen sind sich der vorhandenen Gegebenheiten bewusst und nutzen diese kreativ für konstruktive Veränderungen in ihrem Leben. So funktioniert die ganz normale menschliche Entwicklung. Dasselbe tun wir heute auch, nur in einem viel größeren Ausmaß in allen heutigen Lebensbereichen.

Viele Millionen Jahre unseres Daseins leben wir **ohne Kriege**. Menschen und Tiere werden nicht sinnlos abgeschlachtet. Im Laufe ihrer Existenz sind die Menschen demnach die allermeiste Zeit gegenseitig friedlich. Wenn also gesagt wird, dass der Mensch von Natur aus kriegerisch veranlagt ist, dann ist das nur eine Idee. Sie muss deshalb nicht wahr sein. Ich vermute, wenn dies grundsätzlich im Menschsein so angelegt wäre, gäbe es uns schon längst nicht mehr. Meiner Meinung nach sind dagegen damals wie auch heute die meisten Menschen friedlich. Leider aber glauben heute zu viele friedliche Menschen aufgrund ihres Wissens um die sehr vielen Kriege der letzten 2.000 Jahre daran, dass nur ein 'starker oder gefürchteter' Führer sie beschützen kann. Sie übersehen dabei, dass bisher **kein** Krieg vom Volk ausgeht; und dass **kein** Führer sein Volk je beschützt hat, sondern es stets **nur benutzt**, um seine eigenen Ziele zu erreichen!

Das Denken der Menschen entwickelt sich weiter, und zwar in anderer Weise als dies bei den Tieren geschieht. Vor etwa 11.000 Jahren beginnen sich die Menschen dessen bewusst zu sein, dass ihnen etwas gehört, und von da an sind sie bestrebt, ihren Besitz zu beschützen. So kommt es ca. 8.300 Jahre vor Chr. dazu, dass die Stadt Jericho sich mit der bisher ersten bekannten großen Mauer umgibt. Auch zwischen Euphrat und Tigris wird 3.000 Jahre v.Chr. eine Mauer errichtet. Die Stadtmauer um Uruk wird ab 2.500 v.Chr. gebaut. Nebukadnezar erbaut 600 v.Chr. eine Stadtmauer um Babylon. Ab 600 v.Chr. und bis ins 17. Jahrhundert hinein wird an mehreren Mauern in China gebaut, die später die Chinesische Mauer bilden. Daneben ist die Bauzeit des Berliner Flughafens BER mit 14 Jahren sogar erfrischend kurz.

Mittlerweile ist die Welt voller Mauern: Als Teile des Limes in Großbritannien der Hadrianswall und der Antoniuswall; ebenso die eindrucksvolle von 1930 bis 1940 erbaute Marginot-Linie von der Nordsee bis ans Mittelmeer, um nur einige Beispiele zu nennen. Aber es gibt nicht nur alte Mauern. Die Mauer der Schande, der Berm, der Sandwall Marokkos ist 2.700 km lang. Eine Strecke von Kiel nach Palermo. Ab 1980 gebaut ist er mit Antipersonen-Minen stark bestückt und wird von Soldaten bewacht. Er zerschneidet völkerrechtswidrig die Westsahara von Nord nach Süd und trennt ein Volk vom Atlantik und seinen Bodenschätzen. Neue Mauern gibt es auch unter anderem in Israel, Korea und Amerika. Noch mehr Mauern befinden sich aber in menschlichen Köpfen.

Mauerbau setzt voraus, dass etwas oder jemand vom Übertreten der Mauer abgehalten werden soll. Wir hier drinnen gehören zusammen und die da draußen gehören nicht dazu. Durch die Trennung wird auf beiden Seiten Vertrauen zerstört. In gleichem Maße wächst das Misstrauen der Menschen drinnen und draußen.

Übrigens sollen sogar noch einige Segmente der mittlerweile überwundenen Mauer zwischen Ost- und Westdeutschland in Ost- und Westköpfen nachweisbar sein.

Nun führt mangelndes Vertrauen immer dazu, in anderen den Feind zu sehen. Und so ist es damals nicht verwunderlich, dass sich rund 3.500 v.Chr. **der erste organisierte Krieg** in der Stadt Homoukar in Syrien/Irak ereignet. Wie du vermutlich weißt, sind seitdem unzählige Kriege überliefert. In allen Fällen geht es immer um **Glauben, Geld und Macht über andere.** Mit Kriegen wird der Hass in die Welt gesät, Vertrauen dauerhaft vernichtet und weltweit Elend und Tod verbreitet.

Pete Seeger schreibt 1955 eine sprechende Musik dazu,
die 1962 von Marlene Dietrich erstmals deutsch gesungen wird:
"Sag mir, wo die Blumen sind"

Ja, was ist alles geschehen seit den ersten Yogis, seit es Besitz gibt und Ackerbau und Viehzucht und damit Sesshaftigkeit. Es festigen sich die Strukturen von Hierarchien und Glaubensgemein-schaften. Jene, die das Sagen haben, lassen sich nicht nur bedienen, sondern sich auch **ihre Pläne** von anderen in die Tat umsetzen. Die anderen erhalten dafür Gold, Medaillen, Adelstitel oder eine Aussicht auf göttliches Wohlwollen. Es gibt eben nicht nur Schwarm-Intelligenz, sondern speziell unter Menschen auch Schwarm-Dummheit. Als Folge von Gier, Machtanspruch und Überheblichkeit entstehen die Kreuzritter, der 30jährige Krieg, die Entdeckungen von Nord- und Südamerika, von Australien und Vieles mehr. Über 400 Jahre lang werden angebliche 'Hexen' verbrannt. Die Hexenverfolgung ist übrigens sogar heute in etlichen Ländern noch nicht vorbei. Auch die Erfindung der Atombombe möchte ich hier noch erwähnen und ihre grauenhaften Folgen in Hiroshima und Nagasaki.

Albert Einstein (14.3.1879 – 18.4.1955) sagt dazu:
Der Mensch erfand die Atombombe, doch keine Maus der Welt würde
eine Mausefalle konstruieren.

Obwohl Frauen und Männer sich Millionen von Jahren prima verstehen, ist heute weltweit keine normale Gleichberechtigung

54

von Mann und Frau vorhanden, und zwar aus rein ideologischen Gründen. Es hat anscheinend mit Religion zu tun, mit Macht, mit Geld, Unterdrückung, Ohnmacht, Gewohnheit und mit großer Angst. 'Freiheit, Gleichheit, Brüder- und Schwesterlichkeit' ist eine schöne Idee, die den Schritt in die Wirklichkeit bisher noch nicht geschafft hat.

Viele Menschen sind heute so einseitig gefangen in ihrem Denken, dass sie alles als potentiellen Feind betrachten, was anders ist oder anders denkt als sie selbst. Dabei führt nur der Austausch mit anders Denkenden zu neuen Erkenntnissen. Stets nur bestätigt zu werden, bringt's nicht. Männer und Frauen sind die zwei Seiten **einer** Medaille, beide sind gleich notwendig und **können** sich wunderbar ergänzen, wenn sie das wollen.

Albert Einstein hat auch eine Meinung dazu:
"Die Welt wird nicht bedroht von den Menschen, die böse sind, sondern von denen, die das Böse zulassen."

Mitten in der heftigsten Zeit der Hexenverfolgung vertritt Giordano Bruno (1548–1600) die Idee, dass **alle** existenten Objekte geistige Eigenschaften haben und Gott **in** allem enthalten ist. Ähnliche Ideen hat auch Baruch Spinoza (1632-1677). Diese Vorstellungen von Panpsychismus haben ebenfalls die Naturvölker. Sie achten deshalb die Natur mehr, 'zivilisierte' Gesellschaften sind da eher gleichgültiger.

Schon vor unserer Zeitrechnung war die Frage, wie sich Geist und Körper zueinander verhalten, unter Philosophen und Naturwissenschaftlern ein wichtiger Diskussionspunkt, der auch heute noch nicht abschließend geklärt ist.

Heute weiß man durch Labortests mit Probanden objektiv schon recht gut darüber bescheid, womit und wie Menschen wahrnehmen und welche Hirnareale dabei angesprochen werden. Die Messwerte können zeigen, **dass** ich etwas fühle, schmecke, sehe, rieche oder höre. Jedoch ist mein subjektives Empfinden an den Messwerten **nicht** abzulesen. **Wie** fühlt sich das an, was ich wahrnehme; wie schmeckt es, was sehe ich genau, was höre ich usw. Im Gehirn laufen beim Denken nur elektrochemische

Prozesse ab. Die Messwerte können zwar anzeigen, **dass** ich denke. Sie können aber nicht zeigen, **an was** ich denke, ob an Sonnenschein, an einen Feind oder an ein leckeres Essen.

Sind subjektive Empfindungen, Gedanken und Vorstellungen einfach nicht physisch genug, um als spezielle Reaktion im physischen Gehirn messbar zu sein?

Aufgrund der seit etlichen Jahren gesammelten vielen Berichte über Nahtoderfahrungen ist die **Unabhängigkeit** des menschlichen Bewusstseins vom Körper bzw. vom Gehirn inzwischen nachgewiesen. Wenn Gehirn und Patient während einer Hirn-OP vollkommen betäubt sind und der Patient dennoch später unter anderem weiß, was geschah und worüber gesprochen wurde, lässt das nur diesen Schluss zu. – Für die Wissenschaft gilt das aber nicht als Beweis dafür, denn so etwas **kann** ja nicht sein

Nun lass dich aber von all dem bloß nicht verunsichern. Dein unabhängiges Bewusstsein fühlt sich ausschließlich zu dir gehörig und wird nicht einfach verschwinden.

Das bringt mich zu dem sehr alten Thema Wiedergeburt. Vielleicht hast du daran ja auch schon mal gedacht. Die Idee, mehrfach als Mensch auf der Erde zu sein, ist für Viele weltweit denkbar, während andere das für großen Unsinn halten. Diese Ansichten ziehen sich heute durch alle Schichten von reich bis arm. Allein mit dem Verstand kommen wir der Sache vermutlich nicht näher, obwohl, wenn ich mir die Erneuerungsfähigkeit der Natur ansehe, ist 'nur einmal hier sein' irgendwie eine unnatürliche Verschwendung, weil wir z.B. das erworbene Wissen und unsere Fähigkeiten nicht noch einmal in anderer Weise anwenden und erweitern könnten.

Durch Reinkarnation würde auch das Sterben etwas von seiner Endgültigkeit verlieren, es könnte ja ein Wiedersehen geben, was oftmals tröstlich ist. Du kannst dein ganzes Erdenleben als Mensch auch wie einen Theaterauftritt in einer speziellen Rolle betrachten, die du gern spielen willst; danach gehst du sozusagen als die ursprüngliche Energiepersönlichkeit wieder nach Hause.

Bei vielen Naturvölkern, in fast allen Religionen und in den Zeiten der Yogis ist der Glaube an die Reinkarnation verbreitet. Daraus entwickeln die Menschen recht unterschiedliche Ideen von Karma. Die Idee, dass schon vor der Geburt eine Seele existiert, also die Präexistenz der Seele, ist auch im christlichen Glauben vorhanden. Sie wird erst im Jahre 553 von der römisch katholischen Kirche im 2. Konzil von Konstantinopel **verboten**.

Mit einem Verbot kann natürlich kein viele Tausend Jahre altes Denken vertrieben werden. Es gibt ja auch den Minne-Song 'Die Gedanken sind frei, wer kann sie erraten ...' Während die Gläubigen sich mehr an die Richtlinien der Religion halten, natürlich auch aus Gottesfurcht oder Angst vor Verfolgung, geben andere ihr eigenes Denken nicht auf. Ich versuche hier einmal die bekannten Namen aufzuführen, von denen, die an eine Wiedergeburt glauben:
Pythagoras, Empedokles, Sokrates, Platon, Giordano Bruno, Rumi, die Gallier, die Kelten, die Buddhisten und andere Religionen, Arthur Schopenhauer, Heinrich Heine, Friedrich Hebbel, Ephraim Lessing, Wilhelm Busch, Voltaire, Johann Wolfgang von Goethe, Rudolf Steiner, Georg von Wedekind, Gottfried Herder, Immanuel Kant, Richard Wagner, Friedrich Schiller, Heinrich von Kleist, Paracelsus, David Hume, Friedrich Hölderlin, Friedrich Rückert, Hermann Hesse usw.
→ Mehr fallen mir gerade nicht ein.

Aber weiter mit dem Denken der Menschen. Bei den reichen Führern, im Kloster und in Gemeinschaften bilden sich Denker, Gelehrte und Priester aus. Sie sagen künftig allen anderen, wo es lang geht. Die Auswirkungen in der Wirklichkeit hatte ich zuvor schon beschrieben. Die Denker entwickeln aber z.B. auch Schriften und Zahlen, Mathematik, Chemie, Physik, Biologie und Heilkundiges. Bisher haben die Menschen ein persönliches, intuitives Verständnis für ihre natürliche Umgebung. Mit den verschiedenen Wissenschaften soll nun die Natur des ganzen Universums erforscht und beschrieben werden, um das Wissen darüber in eine objektive und für den Verstand nutzbare Form zu bringen. Dabei wird die Natur zum Versuchsobjekt, sie wird auseinander genommen und untersucht. Ihre Lebenswirklichkeit wird nicht mehr geachtet. Glaubt man vielleicht, das Wesen z.B. eines Tieres besser zu verstehen, wenn man es tötet und zerteilt?

Die Entwicklung des Denkens nimmt mächtig Fahrt auf, allerdings auch die Trennung von Mensch und Natur. Die Wissenden werden hoch geschätzt und durch das entstehende Leben in den Städten tritt die Natur in den Hintergrund. Sie wird mehr und mehr als primitiv und gefährlich betrachtet. In erster Linie trainieren die Gelehrten ihren Verstand darauf, die äußere Wirklichkeit zu untersuchen und mit den neuen Wissenschaften zu interpretieren. Sie verlernen dabei, ihre inneren Informationen und ihre Intuition mit einzubeziehen. Sie vergessen sogar ganz, dass sie eine innere geistige Welt haben.

Einstein meint:
"Die Intuition ist ein göttliches Geschenk,
der denkende Verstand ein treuer Diener."

Es folgt die sehr interessante 'Zeit der Aufklärung' von ca. 1700 bis 1800. Es geht darum, die Macht der Kirche einzuschränken, die sich anmaßt, das Denken der Menschen zu bestimmen. Grob gesagt ist es eine Bewegung gegen Unvernunft, Aberglauben, Vorurteile und Willkürherrschaft. – Eine solche Bewegung wäre auch heute wundervoll. – Kirchliche und politische Macht sollen sich trennen. Der mündige Bürger soll selbstbestimmt seine eigene Vernunft gebrauchen. Viele kluge Köpfe sind Teil dieser Bewegung, u.a. auch René Descartes, David Hume, Ephraim Lessing, Voltaire, Jean-Jacques Rousseau und Immanuel Kant.

Kant's Leitspruch der Aufklärung: Sapere Aude!
Habe Mut, dich deines eigenen Verstandes zu bedienen!

Seit 200 Jahren sind wir demnach 'mündige Bürger', aber denken wir wirklich selbst oder sind wir doch noch fremdbestimmt? Weltweit löst der religiöse Glaube immer noch die meisten Konflikte aus. Hier bei uns haben wir aber anscheinend die Angst vor einem strafenden Gott ausgetauscht gegen die Angst vor einer Verschwörungs-Elite, die die Welt beherrschen will.

Trägt das irgendwie dazu bei, ein selbstbestimmtes Leben zu führen? Ich denke, nein. Und wie denkst du darüber?

Einstein: "Schon immer beruhten die meisten
menschlichen Handlungen auf Angst oder Unwissenheit."

Wenn dich als kleines Kind deine Eltern und deine Umgebung erziehen, wächst du in einer bestimmten Kultur auf und lernst die darin geltenden Regeln. Danach folgen Schule, Beruf und/oder Studium. Überall lernst du, den Anforderungen **von anderen** zu entsprechen. All das prägt natürlich deine Art zu denken. Mit anderen Worten: Ganz selbstbestimmt ist vermutlich niemand. Es lohnt sich aber für jeden, also auch für dich, einmal die scheinbar ganz normalen Gewohnheiten und Verhaltensweisen, sich selbst und anderen gegenüber, zu hinterfragen und sie bewusst zu akzeptieren oder zu verwerfen.

Hierzu noch etwas Einstein:
"Die reinste Form des Wahnsinns ist es, alles beim Alten zu lassen und gleichzeitig zu hoffen, dass sich etwas ändert."

Wie denkt nun der 'zivilisierte Homo Sapiens' heute? Im Laufe der Zeit geht **nichts** von seinem ursprünglichen Denken verloren, vielmehr erweitert sich das menschliche Denkvermögen ständig. Aus dem rein praktischen Denken 'für jetzt und morgen' wird das reflektierte Denken, das die Erfahrungen der Vergangenheit mit einbezieht und sich Ähnliches in der Zukunft vorstellt. Zunächst ist das Denken wertfrei, alles ist einfach nur da. Dann werden Unterschiede wahrgenommen: besser, schlechter, mein und dein usw. Damit beginnt die **Bewertung** von allem. Ein Mutiger wird bewundert, einem Führer folgen die Menschen. Dies gilt natürlich auch für Frauen, von denen einige mutige und kluge in der Geschichte bekannt sind. Z.B. Jeanne d'Arc (1412-1431), die auf dem Scheiterhaufen verbrannt wird, oder die Physikerin Marie Curie (1867-1934), die mit radioaktiver Strahlung arbeitet.

Die Bewertung durch andere ist den Menschen auch heute noch so wichtig, dass Viele sich nach außen völlig anders geben, als sie in Wirklichkeit sind. Damit begeben sie sich in die sehr fragwürdige Situation, in der sie selbst nicht glauben, was sie anderen vormachen. – Wo bleiben da Selbstbestimmung, Selbstwertschätzung und Selbstvertrauen?

Heute können wir auf viele Arten denken z.B. abstrakt, analytisch, hypothetisch, fiktiv, logisch, rational und irrational usw. Wir können unsere Fantasie in viele Richtungen lenken, sogar Ängste entwickeln vor künftigen Ereignissen, die gar nicht eintreffen oder auch vor dem Alter, vor Krankheit und sogar vor dem Leben. Die Zuwachszahlen psychischer Störungen zeigen seit Jahren, dass vielen Menschen etwas fehlt. Kann es das Urvertrauen sein, das Vertrauen zu sich selbst und zu den eigenen Fähigkeiten?

Dein Verstand muss sich mit deinen Gefühlen und Emotionen auseinandersetzen. Nichts davon darf unterdrückt werden. Dein Gefühl macht dir deutlich, wie du jetzt gerade über etwas denkst. Nun sollte dir dein Verstand aufgrund seines Wissens zeigen können, wie du darauf optimal reagieren kannst. **Gefühl und Verstand** müssen zusammenarbeiten. Das ist zwar offensichtlich, jedoch wird die Bedeutung der Gefühle noch unterschätzt. Du hast doch bestimmt selbst schon die Erfahrung gemacht, dass du sehr viel leichter lernen kannst, wenn du Interesse, Neugier und Freude am Lernstoff hast. Der Verstand lässt sich extrem viel besser mit Daten füllen, wenn die Gefühle stimmen.

Albert Einstein sagt dazu:
"Schau ganz tief in die Natur, dann verstehst du alles besser."

In einem ausgewogenen Leben und durch eine gute Schulbildung kann der Mensch mehr lernen und dadurch das Dasein insgesamt besser verstehen. **Mit** sozialer Kompetenz, nämlich mit Selbstvertrauen, Selbstbehauptung, Durchsetzungsvermögen, Kontaktfähigkeit und **ohne** Gleichmacherei, werden gute Beziehungen und eine gewünschte Ausbildung möglich. Auch gute Vorbilder und sinnvolle Unterstützung sind hilfreich. Insofern **kann** Fortschritt im Hinblick auf alle sozialen und ökonomischen Bereiche jetzt viel schneller erfolgen als noch vor 100 Jahren. Die technischen Möglichkeiten dafür sind auch vorhanden.

Mit mehr Verständnis für diese Zusammenhänge kann es z.B. kein marodes Schulsystem, kein Wachstum ohne Grenzen, keinen Krieg und keine Überbevölkerung in der Welt geben. Reichtum und Macht ohne Menschlichkeit ist hohl und wird stark überbewertet. Die Menschen benötigen ehrliche Zusammenarbeit und **nachvollziehbare** Gerechtigkeit.

Sprechen wir von Wachstum. Etliche kluge Köpfe diskutieren heftig darüber. Einige sind fest davon überzeugt, dass Wachstum unseren Wohlstand garantiert. Ich höre das seit den 60er Jahren. Der Wohlstand meiner Eltern mit **einem** 'Verdiener' war wesentlich höher als heute bei sehr vielen Familien mit **zwei** 'Verdienern'. Was ist da in den letzten **60 Jahren** gewachsen? Seit etwa 1990 höre ich von der sich immer weiter öffnenden Schere zwischen Arm und Reich. Sollen Arm und Reich immer weiter wachsen?

Andere glauben, ein Konsum-Verbot oder eine drastische Reduktion auf die wesentlichen Bedürfnisse würde das Leben aller Menschen besser machen und wieder gute soziale Beziehungen herstellen. Die Konsumgesellschaft sei gescheitert.
Wem soll was verboten werden? Und dann ist alles wieder gut? Hört sich eher an wie Zauberei. Nötig ist meiner Meinung nach: Ehrliche Aufklärung über Produkte und keine Vernichtung mehr von intakten Waren.

> *Zum Thema Konsum gibt es von der Oysterband diesen wunderbaren Song: "Here Comes The Flood"*

Über Wachstum kann wunderbar theoretisch diskutiert werden, wenn man keine Angst davor haben muss, dass die Hauskatze plötzlich 2m groß wird. Die Philosophin Gentinetta bezieht sich auf Aristoteles, der meint: "Der Mensch ist ein Wesen, das strebt". Und genau dieses Streben sei letztlich die Wurzel des Wachstums, folgert sie daraus.
Allerdings hat Aristoteles nicht von Wachstum gesprochen. Niemand will immer größer wachsen. Das menschliche Streben ist die Wurzel des Optimierens, des Strebens in Richtung einer Qualitäts-Tiefe in allen Lebensbereichen. Es passiert aber zur Zeit gerade das Gegenteil. Mit immer mehr Menschen und immer mehr Konsum überfordern wir den endlichen Planeten. Wir sägen den Ast ab, auf dem wir sitzen, und **streben** damit direkt in den Abgrund.

Fakt ist: Der Mensch kann nicht immer weiter wachsen, das wäre fatal. Das Wunder deines Körpers ist einfach genial aufeinander abgestimmt. Als Beispiel nenne ich dir hier mal die unglaubliche Leistung deiner Nieren. Jeden Tag läuft dein gesamtes Körperblut

61

von etwa fünf Litern **360 mal** durch deine Nieren. Das entspricht **1.800 Litern.** Davon scheidest du nur ca. eineinhalb bis zwei Liter pro Tag aus. Du spürst deine Nieren nicht, wenn sie für dich arbeiten. Und sie arbeiten stets voller Hingabe, weil es **ihre** Lebensaufgabe ist.

Albert Einstein:
"Die wichtigste Erkenntnis meines Lebens ist die,
dass wir in einem liebenden Universum leben."

Kluge Menschen haben vor langer Zeit schon unterschiedliche Sichtweisen auf die Welt. Welche davon der Wahrheit am nächsten kommt, wird noch ermittelt:

Etwa um 500 Jahre vor unserer Zeitrechnung lebt der bekannte Naturphilosoph Anaxagoras (499-428 v.Chr.). Eine Zeitlang ist Sokrates (469-399 v.Chr.) sein Schüler. Anaxagoras erklärt seinem Schüler: Jemand geht von A nach B, **weil** er zwei Beine hat. Damit ist Sokrates gar nicht einverstanden. Er meint: Die Erklärung müsse sich viel mehr auf die **Gedanken** beziehen, die jemanden zu diesem Ortswechsel veranlassen.

Dies ist der Beginn einer neuen wissenschaftlichen Sichtweise gegenüber den Naturphilosophen. Jene fragen damals nach der Beschaffenheit des Körpers = Materie. Sokrates fragt nach der Beschaffenheit des Denkens = Geist. Allerdings wählen die Menschen vor gut 2.000 Jahren den materialistischen Weg, so dass selbst heute die modernen Naturwissenschaften alles auf diese Weise betrachten. Jetzt rufen jedoch einige Phänomene aus der Quantenphysik nach Erklärungen, die über das Materielle hinausgehen. Man weiß nur noch nicht, was das sein könnte.

Ein sehr kluger Rat von Sokrates:
"Das Geheimnis der Veränderung besteht darin,
deine ganze Energie darauf zu konzentrieren, Neues aufzubauen,
statt Altes zu bekämpfen."

Das **Weltbild** des Physikers Albert Einstein wird realistisch genannt. Er geht davon aus, dass unabhängig von uns eine Wirklichkeit vorhanden ist, die wir beobachten und durch die Untersuchung ihrer Ursachen vollständig beschreiben können. Für

alles gibt es eine kausale Erklärung. Von ihm wird gesagt, er lehnte sie gegen die Zeit und sie gab nach. Mit seiner Formel $E = MC^2$ beschreibt er die Lichtgeschwindigkeit als die schnellste in unserer materiellen Welt. Seine Relativitätstheorie und andere Erkenntnisse legen den Grundstein für die heutige Quantenphysik.

Einstein soll gesagt haben: "Ich möchte wissen, wie Gott diese Welt erschaffen hat. Ich bin nicht an dem einen oder anderen Phänomen interessiert. Ich möchte **seine Gedanken** kennen, alles übrige sind nur Einzelheiten."

Von den drei Nobelpreisträgern der Physik 2022, Alain Aspect, John F. Clauser und Anton Zeilinger, könnte man möglicherweise sagen, sie lehnten sich gegen die Materie und sie gab nach.

Das Weltbild des Physikers Anton Zeilinger ist dank neuer Erkenntnisse anders. Er sagt beinahe philosophisch: "Die Quantenphysik erzählt uns etwas ganz Tiefes über die Welt." Die kleinsten, unteilbaren Energie-Teilchen, die von Atomen aufgenommen oder abgegeben werden können, sind diese Quanten. Sie verhalten sich völlig anders als alle übrigen Teilchen unserer Welt. Das heißt, **das Kleinste**, worauf alles andere aufbaut, ist noch unbekannt und anders. Zeilinger und anderen ist sehr bewusst geworden, dass die Eigenschaften unserer Welt in einem gewissen Sinne **von uns** als Betrachter abhängen. Vieles steht im Widerspruch zur Relativitätstheorie Einsteins und ist **nicht kausal** erklärbar. Einige Beispiele: Es gibt tatsächlich Ereignisse ohne jegliche Ursache. Bei Quantenverschränkung geschieht die Informationsübertragung von A nach B schneller als Licht. Undefinierte Teilchen sind erst **ab** Beobachtung bzw. Messung zu lokalisieren.

Zeilinger meint als Fazit etwa: "**Ich** habe die Willensfreiheit, mein Tun zu wählen, die Welt gibt mir dann die Antwort, die **ihr** dazu passt. Die Wirklichkeit ist ein Feedbacksystem. Nichts ist vorherbestimmt. Wirklichkeit und Information sind dasselbe. Information ist die Grundlage der Naturwissenschaft. Der Zufall ist eine Folge der Endlichkeit von Information. Mit intensiver interdisziplinärer Zusammenarbeit kann man sich der Wahrheit am besten nähern. Auch Philosophen sollten sich damit befassen."

Was ist Wahrheit, Wirklichkeit, Information? Beleuchtet die Quantenphysik das alte Körper/Geist-Problem direkt an der Schnittstelle, wo Geist zu Materie wird? Zeilinger und andere Wissenschaftler suchen nach einer Information **in** der Materie, die möglicherweise sogar geistig ist. Die weitere Entwicklung wissenschaftlicher Erkenntnisse wird bestimmt sehr spannend.

Das führt mich zu der Frage: Haben Menschen einen freien Willen oder ist unser Tun vorherbestimmt? Auch darüber wird schon seit sehr langer Zeit heftig diskutiert von Philosophen, Hirnforschern, Psychologen, Physikern usw. Immanuel Kant vertrat die Idee, dass der Mensch völlig frei sein Handeln bestimmt.

Freier Wille heißt: Menschen können grundsätzlich jederzeit nach eigenen Entscheidungen agieren.
Im praktischen Leben bedeutet das: Jeder Mensch ist verantwortlich für sein Tun, aber auch für das, was er nicht tut. Genau das hat Voltaire (1694-1778) auch schon gesagt.

Determinismus heißt: Alles ist vorherbestimmt. Menschen agieren grundsätzlich nach vorherbestimmten Mustern.
Im praktischen Leben bedeutet das: Kein Mensch ist verantwortlich für sein Tun. Er ist halt so. Man kann ihn bestenfalls dressieren.

Einige Wissenschaftler glauben an die Vorherbestimmung. Der Hirnforscher Wolf Singer meint: "Das Gehirn ist eine deterministische Maschine. Keiner kann anders als er ist. Wir sollten aufhören, von Freiheit zu reden. Nicht der bewusste Geist arbeitet autonom, sondern das Gehirn. Der freie Wille ist eine Illusion, die das menschliche Gehirn aus gutem Grund erzeugt."

Erfreulicherweise gibt es auch andere Forschungsergebnisse: John-Dylan Haynes, Hirnforscher an der Charité in Berlin, experimentiert mit Probanden. Er liest aus Hirnmustern ca. zehn Sekunden **vor** einer Aktion ab, ob Versuchspersonen eine linke oder eine rechte Taste drücken werden. Und mit großer Wahrscheinlichkeit sieht er vier Sekunden vorher, ob jemand zwei Zahlen addieren oder subtrahieren wird. Er entdeckt auch folgendes: Obwohl sie dazu aufgefordert werden, können seine Versuchspersonen diese unbewussten Hirn-Prozesse ab einem bestimmten Zeitpunkt nicht mehr bewusst beeinflussen. Es gibt einen **point of no return**. Eine halbe Sekunde vor dem Ende einer Aktion lässt sich diese offenbar nicht mehr beeinflussen. Nur vorher bleibt Zeit dafür, sie bewusst zu kontrollieren. Das spricht für einen **Determinismus von ungefähr einer halben Sekunde**.

Großartige Forschung. Das Ergebnis spricht eindeutig **für** den freien Willen des Menschen. Das geistige Wollen festigt sich erst in der letzten halben Sekunde vor der Aktion unumkehrbar im physischen Gehirn. Auf dem Wege vom Gedanken zur Tat spricht das Gehirn die passenden Nerven, Sehnen und Muskeln für die Ausführung an. Dafür muss es sich natürlich für einen kleinen Moment in einem klar definierten Zustand befinden.

Der Gedanke, etwas Bestimmtes zu tun, ist geistig, das Gehirn ist das materielle Übersetzungs- und Steuerungsorgan unseres Körpers, das Tun ist ein Ereignis in der materiellen Wirklichkeit.

Albert Einstein:
"Es gibt keine großen Entdeckungen und Fortschritte,
solange es noch ein unglückliches Kind auf Erden gibt."

Alle Welt spricht von künstlicher Intelligenz. Manche Menschen haben Angst davor, andere glauben, dass mit KI alle Probleme zu lösen sind. Bisher sind die Computerprogramme der bestehenden KI in der Lage, vergangene Daten und die aktuelle Situation zu betrachten, um eine Entscheidung zu treffen. Sie verbinden das bisher Gelernte mit dem, was sie beobachten und erweitern damit ihre Daten. Anwendungen sind u.a. Smartphone, Google-Suche, Übersetzungen, verschiedene Arten von Robotern, im Haushalt und in der Medizin sowie in selbstfahrenden Autos.

Das bisher **noch nicht** erreichte Ziel von KI ist ein Computerdenken, das wie menschliches Bewusstsein funktioniert. Dazu gehört eine vollständige Wahrnehmung der Welt mit allen Emotionen, Absichten und Reaktionen von Menschen. Allerdings ist dies für Forscher noch eine sehr große Herausforderung.

Zur besseren Einordnung habe ich für dich noch Informationen über das menschliche Gehirn und das menschliche Bewusstsein zusammengetragen:

Der Medizinnobelpreisträger Thomas Südhof sagt: "Wir verstehen derzeit **maximal fünf Prozent** von dem, was im Gehirn vor sich geht – vielleicht ist es auch nur ein Prozent. Hier wird manchmal ein falsches Bild in der Öffentlichkeit erzeugt. Es fehlt fundamentales Wissen, um etwas modellieren zu können, was auch nur entfernt dem entspricht, was ein Gehirn kann."

Das Phänomen des Bewusstseins ist aus naturwissenschaftlicher Sicht **noch nicht verstanden**. Das Gehirn arbeitet nicht wie ein Computer. Bei jeder Erfahrung, jeder Wahrnehmung, jedem Gefühl und beim Lernen verändert sich die Struktur des Gehirns. Außerdem ist die Unterscheidung von Bewusstem und Unbewusstem wichtig.

Meine Recherchen ergeben, dass der Wissenschaft bisher noch nicht einmal annähernd klar ist, was das menschliche Bewusstsein überhaupt genau ist und über welche geistigen Fähigkeiten der bewusste Mensch verfügt. Zuvor beschrieb ich einige natürliche menschliche Fähigkeiten, die jedoch bisher absolut keine wissenschaftliche Bedeutung haben. Schade, denn du bräuchtest das Ei nicht zu zerbrechen, um zu wissen, was drin ist.
In unterschiedlichen Bewusstseinszuständen kann der Mensch bewusst wahrnehmen, willentlich reagieren und kommunizieren. Bewusstsein ist kein Teil der physischen Welt. Du kannst es nicht sehen und du kannst einen Gedanken nicht in die Hand nehmen und ihn auseinandernehmen. Und dennoch ist dein ganzes physisches Leben und dein ganzes Glück das Ergebnis deines Denkens. - Hier ist noch viel ergebnisoffene Forschung nötig, um Gehirn, Bewusstsein und Menschsein überhaupt zu verstehen.

Zum Abschluss meiner 'Evolution menschlichen Denkens' hier noch ein paar Zitate von Seth, dem Geistlehrer, der seine zahlreichen Bücher über Mensch, Materie und Wissenschaften von 1963 bis 1984 durch die Schriftstellerin Jane Roberts channelte.

--   *Ihr erschafft eure eigene Wirklichkeit und die Gegenwart ist euer Kraftpunkt.*

-- *Es ist euer Verstehen, das alles in Bewegung setzt.*

-- *Während ihr denkt, wird eure Wirklichkeit geformt, sie manifestiert sich dann entsprechend im allerletzten Moment.*

-- *Die Zukunft ist nicht vorherbestimmt.*

-- *Euer menschlicher Verstand ist das Instrument, mit dem ihr lernen könnt, euren eigenen Anteil an der Wirklichkeit zu erkennen.*

-- *Immer, wenn die Menschheit bestimmte Fähigkeiten braucht, treten diese in den Vordergrund.*

-- *Selbst im kleinsten Teilchen ist das Wissen des Ganzen.*

-- *Der bewusste Geist (der Verstand) sollte wissen, was der unbewusste (das Unterbewusstsein) tut, Bewusstheit ist schließlich das Ziel.*

-- *So, wie der Zustand eures Planeten in seiner ganzen sozialen und politischen Struktur die innersten Neurosen eines jeden Individuums widerspiegelt, so widerspiegelt der individuelle physische Körper tatsächlich den innersten Zustand jeder Persönlichkeit.*

Damit kommt meine punktuelle Zeitreise durch das Denken der Menschheit zum Schluss. Der 'zivilisierte' Mensch hat sich im normalen Alltag sehr weit von seinem natürlichen Erbe und von einem gesunden, menschlichen Miteinander entfernt. Die Menschen haben eine komplexe, künstliche Welt geschaffen und sie der Natur übergestülpt. Die früheren Gefahren der Natur werden durch etliche neue Gefahren ersetzt. Aufgrund ihres fehlenden Vertrauens haben Menschen Dinge und Situationen geschaffen, die nicht für ein friedliches Zusammenleben geeignet sind.

Hippokrates (460 v.Chr. bis 370 v.Chr.) sagt:
"Die Menschen werden krank, weil sie aus Torheit alles tun,
um nicht gesund zu bleiben."

Aber schon seit einigen Jahren verändern die Menschen deutlich ihren Fokus. Lass mich dir hier einen Ausblick in unsere Zukunft zeigen: In diesem Jahrhundert entwickeln wir uns geistig sehr viel weiter und befreien uns nebenbei auch von vielen kulturellen und persönlichen Zwängen. Natürliche menschliche Fähigkeiten sind nicht mehr tabu. Neue Erkenntnisse über Geist und Materie in der Quantenphysik erweitern unser Verstehen in Bezug auf die Natur, die Menschen und eine sinnvolle Technik. Mehr selbstbestimmtes Denken wird weltweit zu mehr Zusammenarbeit und weniger Vernichtungsabsichten führen. Macht wird dann nicht mehr durch

Unterdrückung erreicht, sondern durch Zustimmung. Und **erstmals** seit ihrer Existenz können sich alle Menschen in gegenseitiger Achtung begegnen.

David Ben Gurion (1885-1973) meint:
"Wer nicht an Wunder glaubt, ist kein Realist"

Als hervorragende Pioniere für die neue Zeit möchte ich dir hier zwei deutsch/griechische Klavierspielerinnen vorstellen:

Danae und Kiveli Dörken

Sie spielen 4händig und wunderbar. Ihr neues Album heißt Apollo und Dionysus. Sie wählten diesen Titel ganz bewusst: "Das sind die zwei Seiten in uns Menschen, die wir anerkennen sollten, um immer das für uns richtige Gleichgewicht im Leben zu finden."
Apollo ist der Gott der Künste, der Musik, der Heilkunst, der Ordnung, des Denkens, der Mäßigung.
Dionysus ist der Gott der Freude, des Chaos, der Extase, der Impulsivität und des Weines.

Liebe Leserin, lieber Leser, nimm dir aus diesem Buch für deine geistige und körperliche Gesundheit alles, was du gebrauchen kannst, und wende es für **deinen Weg** an. Meine folgenden drei kurzen Vorträge über Gesundheit werden dir Freude bereiten und dir speziell Gesundheit noch besser verständlich machen.

Zuvor für dich noch: *Das Geheimnis des Glücks:*
Finde aus den vielen Tausenden von Möglichkeiten, die du hast, diejenigen heraus, die dich erfüllen, dir Freude bereiten, die dich bereichern in jeder Form, für die du leidenschaftliche Liebe fühlst. Schätze das, was du hast, und erschaffe dir, was dir noch fehlt. Du musst **dein** Leben lieben, um glücklich zu sein.

Genau das sagt der Text dieses wundervollen Titels von Karat:
"Jede Stunde"

Ich danke dir sehr für dein Interesse und wünsche dir viel Erfolg für deine weitere Lebenskunst.

Deine Beziehung zu dir selbst
ist das Wichtigste für deine Gesundheit

Herzlich willkommen zu meinem 1. Vortrag dieser Reihe über Gesundheit. Ich freue mich über dein Interesse an meiner Heilarbeit. ... Als Therapeutin für Erfahrungsheilkunde verbinde ich altes und neues Wissen mit dem Ziel, Geist und Körper ins Gleichgewicht zu bringen. Meine manchmal ungewöhnlichen Methoden sind darauf angelegt, dauerhafte psychische und körperliche Gesundheit bei Jung und Alt zu erreichen. ...

Heilen ist an sich nichts Besonderes. Unsere Zellen heilen sich schlauerweise selbst, denn in jeder Sekunde sterben rund 500.000 Zellen in uns und werden wieder erneuert. Jeder Mensch hat somit heilende Kräfte, auch du. Und wir können lernen, diese bei uns und anderen zielgerichtet anzuwenden. Du heilst schon, wenn du deinem Kind die Hand auf das verletzte Knie legst. Dein ehrlicher Wunsch, das Knie möge wieder heil sein, und das Vertrauen deines Kindes prägen sofort innere Energie in Richtung Heilung. Auf körperlicher Ebene besorgen die intelligenten Zellen deines Kindes den Rest.

Meine heutige provozierende Frage 'Ist Gesundheit auch erlernbar?' beantworte ich persönlich mit 'JA', denn es spricht sehr viel dafür. Vielleicht hast du dir diese Frage auch selbst schon einmal gestellt. Und hier erhältst du nun etwas praktisches Material.

Ich möchte dir gern ein paar Punkte einer Lebens- und Denkweise vorstellen, die Gesundheit entstehen lässt. Mach Gebrauch von den Ideen und entwickele **ein liebevolles Verhältnis zu dir selbst**, denn das **ist der Schlüssel zu deiner Gesundheit**.

Seit vielen Tausend Jahren wird uns schon aus allen Teilen der Erde durch überlieferte Lebensweisheiten ein erstaunlich großes Wissen über die Gesundheit von Körper und Geist vermittelt. Und genau das wird heute immer mehr durch die wissenschaftliche

Forschung bestätigt. Das heißt aber leider nicht, dass es immer schon in der medizinischen Praxis angekommen ist.

Heute bin ich dein Veränderungs-Coach, denn schon kleine Veränderungen in deinen Ansichten bringen großen Nutzen für deine persönliche Gesundheit und dein Wohlbefinden. Und **darum geht es** in diesem Vortrag. Es gibt natürlich jede Menge zu lernen, jedoch möchte ich dir einen Aspekt besonders ans Herz legen: **Deine Beziehung zu dir selbst** ist der wichtigste Faktor für deine Gesundheit.

An einem sehr einfachen Bild möchte ich dir darstellen, was den einen krank macht und den anderen nicht. Menschliches Erleben geschieht sozusagen in vier Zuständen, die sich im gesunden Menschen als Zyklus ständig wiederholen. Die einzelnen Phasen sind: **Reiz – Anspannung – Loslassen – Entspannung.**

Ist dieser Zyklus gestört, kann die Spannung sich nicht lösen, und es kommt zu einer dauerhaften, krank machenden Anspannung. Bei jedem Unwohlsein, jeder Krankheit finde ich eine Anspannung in Psyche und Körper, die nicht dahin gehört.

Wenn du z.B. Kopfschmerzen bekommst oder nervös bist, zeigt dir dein Körper, dass du zuviel Spannung angesammelt hast. Durch Entspannen würdest du dich sofort wieder besser fühlen. Jedoch unsere **Gewohnheitsmuster im Denken**, durch Erziehung, Sorgen und viele andere Einflüsse, führen dazu, dass wir die Signale unseres Körpers nicht mehr richtig deuten können oder wollen. Sobald du aber auf **natürliche Weise** mit dir umgehst, ist der gesunde Zyklus immer automatisch aktiv.

Vergiss jetzt mal alles, was du über Krankheit denkst und denke ausnahmsweise heute mal nur an dich, denn **jede Krankheit hat ihre eigene, ganz persönliche Geschichte.**
Wir wissen heute, dass schon kleinste Stimmungsschwankungen von jeder Körperzelle registriert werden. Mit Gedanken, Gefühlen und Absichten, und sogar mit unseren Träumen, steuern wir die Signalverarbeitung in unserem ganzen Körper - elektrisch, biologisch und chemisch. Unsere Zellen organisieren ihren eigenen

Zustand und die Herstellung und den Transport von chemischen Stoffen nach den durch uns empfangenen Signalen. Wir Menschen sind tatsächlich so konzipiert, dass wir unseren Körper mit unseren eigenen Gedanken **heilen oder vergiften** können.

Dein Körper reagiert immer **jetzt**. Von einem Moment zum anderen kann das Herz schneller schlagen, der Atem kann stocken oder das Gesicht kann rot werden. Damit ist natürlich auch der Zyklus von Reiz – Anspannung – Loslassen – Entspannung beeinträchtigt.

Du sendest Signale an deinen Körper mit Ängsten, Ärger über Vergangenes, Sorgen über Zukünftiges oder wenn du dich selbst nicht magst und bringst ihn dazu, sich **jetzt** zu verändern. Solche Prozesse laufen immerzu in deinen Körperzellen ab, egal, ob eine Bedrohung echt ist oder ob du dir eine Angst nur einbildest oder ob ein Ereignis schon 30 Jahre her ist. Deine Zellen im gesamten Körper erhalten die chemischen Informationen und richten sich danach.

Im Gegensatz zu den unangenehmen Gefühlen und Gedanken, die Anspannung im Körper festhalten, sind die angenehmen wie Labsal für deine Zellen. Sie entspannen und fördern deine Gesundheit. Deshalb ist Lachen so gesund. Jeder von uns weiß vermutlich auch, dass sich ein Lob in unserem Körper ganz anders anfühlt als ein Tadel.

Da Psyche und Körper in jedem Menschen so zusammenarbeiten, können wir diese Prozesse für unsere Gesundheit nutzen. Viele tun instinktiv das Richtige für sich, andere können es **lernen**.

Strukturiere deine Denkgewohnheiten bis in die Tiefen deines Unbewussten neu. Gewöhne dir ein neues Denken an, denn **dein Verhalten zu dir selbst** ist das Wichtigste für deine Gesundheit.
Stell dir selbst einmal diese Fragen und beantworte sie ehrlich:
- Was halte ich von mir selbst?
- Was halte ich von meinem Körper?
- Was halte ich von meinem normalen Tagesablauf?
- Was halte ich von meiner Beziehung zu anderen Menschen?

Ich fasse noch einmal kurz zusammen, was du bisher erfahren hast:
- Jeder Mensch heilt sich selbst.
- Deine Körperzellen richten sich nach deinem Denken und Fühlen.
- Du erlebst Reiz – Anspannung – Loslassen und Entspannung.
- Das Wichtigste für deine Gesundheit ist dein liebevolles Verhältnis zu dir selbst.

Schau nun, was du tun kannst, um eine vertrauensvolle und liebevolle Beziehung zu dir selbst zu entwickeln. Dafür habe ich dir drei Ideen-Päckchen mitgebracht.

1. Ideen-Päckchen: **Stärke deine Selbstachtung, dein Vertrauen, dein positives Selbstbild und Gleichgewicht in Geist und Körper**

→ **Selbstachtung** ist eine Voraussetzung für Gesundheit und Wohlbefinden. Es gibt tatsächlich keinen gesunden, glücklichen Menschen, der sich selbst nicht mag.
Sag also JA zu dir, ohne Vorbehalte. Es geht hierbei nicht um irgendeine Perfektion, sondern um **liebevolle Selbstannahme** in jedem Augenblick.
Wir alle werden aus Liebe geboren in die Zeit unseres menschlichen Lebens. Unser Ursprung, unsere Seele ist immer in Liebe mit uns verbunden. Du bist der menschliche Ausdruck deiner Seele. Sage dir: **Ich bin so richtig, wie ich bin.** Verankere diesen Gedanken in dir. Er bedeutet auch: **Ich kann mir selbst vertrauen.** Erschaffe auf diese Weise in dir selbst eine sichere Position, eine zuverlässige Basis. (Urvertrauen)

→ **Vertrauen** ist die Grundlage für jede Veränderung. **Du** bist immer richtig, unabhängig davon, ob du eine Sache ablehnst oder einer Sache zustimmst oder ob du dich verändern willst. Dein ganzes Leben ist das Ergebnis deines Denkens und Handelns. Wenn dir etwas nicht gefällt, bist du jederzeit frei, ganz bewusst neue Entscheidungen zu treffen. Vertraue dir!

Und - vielleicht ist es ungewohnt für dich, aber vertraue auch deiner Seele, denn unbegrenzte Intelligenz führt und beschützt dich bei all deinen Aktivitäten.

→ Ein **positives Selbstbild** ist wichtig, bei allem, was du tust. Wenn du Autofahren lernst oder eine Ausbildung beginnst, fange mit der **inneren Gewissheit** an, **dass du fähig bist**, diese Ziele zu erreichen. Dieses positive Selbstbild, ohne jegliche Vorbehalte, sollte dich bei all deinen Vorhaben begleiten – natürlich auch bei deiner täglichen Gesundheit.
Nur die eigenen Zweifel und Ängste verhindern gute Ergebnisse.

→ **Krankheit ist kein permanenter Zustand,** sie kann ebenso wieder vorüber gehen wie ein Sommergewitter. Betrachte eine Krankheit wie einen Krieg im Körper und stell bewusst wieder Frieden und Harmonie her. Eine alte Weisheit sagt: Es ist leichter, ein Problem zu lösen, wenn man zuerst Frieden mit ihm schließt.
Vertraue deiner Fähigkeit, wieder gesund zu sein.

Wenn du krank bist, **stell dir in inneren Bildern vor**, dass du gesund **bist**, und fühle das möglichst intensiv. Stell dir auch voller Freude vor, was du tust, wenn du gesund bist. Mach diese Übung ruhig mehrmals am Tag. Anschließend mach immer irgend eine Kleinigkeit, die in diese Richtung geht.

Visualisieren und Tun, das bringt dich deinem Ziel näher. Diese uralte Technik wird bei uns in vielen Bereichen erfolgreich eingesetzt: zur Heilung, zur Überwindung von Ängsten, bei Hochleistungssportlern, im Managertraining usw., überall da, wo Blockaden abgebaut werden und neue Eigenschaften entstehen sollen. Die Schamanen von Hawaii nennen es Haipule. Dein Selbstbild von Krankheit wird ersetzt durch dein neues Selbstbild von Gesundheit und kann sich durch deine innere Gewissheit verwirklichen.

Bitte sitze jetzt mal bequem und schließe die Augen. Geh jetzt in Gedanken zurück in die Zeit, zu einem Moment, in dem du dich besonders kraftvoll, stark, mutig oder glücklich fühltest. Spüre die Kraft und Energie, die du hattest. Fühle diese Kraft **jetzt** wieder in dir, so deutlich und intensiv wie möglich in deinem ganzen Körper.
Diese kleine Übung kannst du auch zu Hause machen, wenn du mal Kraft benötigst. Übrigens: Deine Lebens-Energie verbraucht sich nicht. Sie ist immer unbegrenzt und jederzeit verfügbar – Du musst sie nur manchmal anfordern.

2. Ideen-Päckchen: **Stärke deinen Verstand, deine Selbstwahrnehmung, deine Freude und deine Beziehungen**

→ **Benutze deinen Verstand auf richtige Weise.** Viele Menschen tun Dinge, von denen sie ganz sicher wissen, dass sie weder für sie selbst noch für andere gut sind.

Dabei sind wir Menschen der denkende Teil der Natur, und in dieser Verantwortung werden wir von unserer Umwelt, den Menschen, Pflanzen und Tieren dringend erwartet.
Benutze deinen Verstand als zuverlässige Entscheidungsinstanz für dein praktisches Leben. Dazu ist er da. Triff deine Entscheidungen bewusst und halte dich daran, **das erhöht auch dein Selbstvertrauen.**

→ **Übe Selbstwahrnehmung**, geh **achtsam** durch dein Leben. Erkenne deine eigenen psychischen und körperlichen Bedürfnisse und erfülle diese, so gut es geht. Wenn du nach einem anstrengenden Gespräch mitten am Tag müde bist, solltest du eine kurze aber effektive Pause machen. Setz dich einfach hin und entspanne dich. Danach bist du wieder voller Energie. Denk an den Zyklus.

→ **Kümmere dich aktiv um alles, was dir Freude macht.** Vielleicht brauchst du Humor, Unterhaltung, Musik, Kunst oder was auch immer. Zeige deutlich, dass du dich wertschätzt, indem du bestmöglich für dein Wohlbefinden sorgst.

Es ist unser aller Geburtsrecht, ein gesundes und glückliches Leben zu führen. Ein Mensch, der sich und sein Leben liebt, strahlt dieses Gefühl auch auf seine Familie und seine ganze Umgebung aus. Was du selbst in dir fühlst, kannst du auch an andere weitergeben.

→ **Schätze und pflege deine Beziehungen.** Ab und zu ein kleines Schwätzchen unterwegs, mit lieben Freunden gemeinsam ein gutes Essen genießen, Zeit mit der Familie verbringen, einem Hobby mit Gleichgesinnten nachgehen oder meinen Vortrag besuchen, damit tust du dir Gutes. Wir Menschen sind soziale Wesen und brauchen den Austausch in Gesellschaft, allein verkümmern wir.

Bitte sitz jetzt wieder bequem und schließe die Augen. Geh in Gedanken zu einem Platz oder an einen Ort, an dem du dich besonders wohlfühlen kannst. Es kann ein echter oder ein ausgedachter Ort sein. Finde deinen Wohlfühlort. Und wenn du da bist, genieße es einfach, da zu sein.

3. Ideen-Päckchen: Erkenne, wie du denkst, löse dich von Dauerbelastungen

→ **Beachte deine täglichen Gedanken.** Wenn du damit einmal anfängst, wirst du merken, dass es fast unglaublich ist, was du so alles im Laufe des Tages denkst.
Welche Signale sendest du damit an deine Zellen?
Freue dich an deinen schönen Gedanken, versuche diese zu vermehren. Bei negativen Gedanken frage dich, ob du darüber auch anders denken könntest. Unwissenheit und Ängste verfälschen oft die eigene Wahrnehmung und Beurteilung.
Du musst nicht alles mögen, was deinen Weg kreuzt, aber **mach dir bewusst, warum** du heute so denkst.

→ **Löse dich von allen negativen Gedanken über dich selbst.** Du bist hier als Mensch auf deiner Reise zur Bewusstheit. Vielleicht hast du Fehler gemacht, ok, das passiert. Es gibt mit Sicherheit keinen Menschen, der niemals einen Fehler macht. Habe mehr Verständnis für die eigenen Fehler und die von anderen. Lerne dazu und wende dein neues Wissen bewusst in deinem Leben an. Freue dich über deine wachsende Lebenskunst. Das stärkt auch dein Immunsystem.

→ **Löse dich von allen negativen Gedanken über andere**, denn sie sind auch auf ihrer Reise. Solange du an negativen Gedanken über Personen oder unglückliche Ereignisse festhältst, bist du psychisch daran gefesselt. Du trägst vielleicht über Jahre oder gar Jahrzehnte diese Angst oder diesen Groll in dir – und **vergiftest dich damit selbst.**

Sei bereit für eine Veränderung im Denken. Schließe Vergangenes endgültig ab, um in der Gegenwart ohne Belastungen zu leben. Die Aborigines nennen es schon seit sehr langer Zeit 'den Kreis schließen'. Sie setzen sich gründlich mit ihren negativen Gedanken auseinander, verstehen ihren eigenen Anteil daran und beschließen dann, keine weitere Energie mehr an dieses Ereignis oder diese Person zu verschwenden.

Und noch etwas Wichtiges:

→ **Sei einfach du selbst.** Erfülle nicht nur die Rollen, die andere von dir wünschen, sei es in der Familie, im Beruf oder in der Öffentlichkeit. Vom Babyalter an lernen wir, das zu tun und zu lassen, was unsere Umwelt von uns möchte. Und längst nicht alle kennen ihr Potential und führen ein selbstbestimmtes und erfülltes Leben. Frage dich, **was treibt dich an im Leben, was motiviert dich.** Finde es heraus und lebe danach. Freude und Lebenslust sind dir gewiss.

In jedem Menschen ist dieser natürliche innere Impuls vorhanden, der uns zu Kreativität, Fortschritt und zur Überwindung unserer eigenen Grenzen drängt.

→ **Geh regelmäßig in die Natur** und genieße sie ganz bewusst mit all deinen Sinnen. Die Natur nimmt dem Menschen belastende Energie ab und gibt sie dann sogar erfrischt und erneuert wieder zurück. Wälder und große Gewässer haben eine entspannende und inspirierende Wirkung.

Geh mit einem Problem in den Wald und komm mit der Lösung wieder heraus. Das ist tatsächlich nur eine kleine Übertreibung.

→ Zum Schluss habe ich noch eine uralte Weisheit für dich, die in vielen alten Kulturen so oder ähnlich ausgedrückt wurde:
Worauf du dich konzentrierst, das bekommst du, das wächst.

Richte also deine Aufmerksamkeit immer bewusst auf das aus, was du erreichen willst. Und mach dir diese Einstellung zur Gewohnheit!

Ich danke dir herzlich für dein Interesse und wünsche dir viel Erfolg bei all deinen Vorhaben und natürlich eine dauerhafte gute Gesundheit.

E n d e   des Vortrags

Folge deinen Gefühlen und werde
auch in deiner Psyche handlungsfähig

→ Herzlich willkommen zu meinem 2. Vortrag dieser Reihe über Gesundheit mit kleinen Übungen. ... In meiner Heilarbeit können sich z.B. 5.000 Jahre altes Yoga und moderne Psychologie wunderbar ergänzen. Wenn du zu mir kommst, gilt meine Aufmerksamkeit deinem ganzen Erleben, nicht nur deinem aktuellen Problem. Das Ziel gemeinsamer Arbeit ist Gesundheit, der Weg dahin besteht aus Erkenntnissen und Veränderungen. Du kannst selbst daraus lernen, und künftig dein eigener Heiler sein.

Im ersten Vortrag hatte ich die Frage 'Ist Gesundheit auch erlernbar?' schon mit 'JA' beantwortet und **'Deine Beziehung zu dir selbst'** als das Wichtigste dafür bezeichnet. Das Thema heute lautet: **'Folge deinen Gefühlen** und werde auch in deiner Psyche handlungsfähig'. Mit diesem wichtigen Teil meiner Arbeit möchte ich dir **'Ein Stück Gesundheit zum Mitnehmen'** anbieten. Wir werden sehen, ob das funktioniert.

Am Apollotempel von Delphi gibt es seit etwa 2.600 Jahren die Inschrift "Erkenne dich Selbst". Der Mensch soll sich als das erkennen, was er ist, nämlich eine unsterbliche Seele in einem lebendigen, sterblichen Körper. Schon Sokrates ging davon aus, dass wir alles Wissen über uns selbst in uns tragen und uns bewusst machen können.
Durch meine Arbeit stelle ich immer wieder fest, dass das stimmt. Wenn **wir uns** besser verstehen, befreien wir unsere intuitiven Kräfte, wir können belastende Energiemuster leichter auflösen und dadurch unsere Gesundheit aktiv erhalten.

Wir Menschen haben große Kenntnisse in vielen materiellen Bereichen, wir erforschen sogar das Weltall, umso mehr erstaunt es mich, wie wenig wir tatsächlich über unsere eigene Psyche wissen. **In uns selbst liegt unbekanntes Land.**
Die Bezeichnungen "Götter in Weiß" und "Seelenklempner" machen deutlich, wie unterschiedlich die Medizin für den Körper

und für die Psyche bisher bewertet wird. Bei einem Beinbruch würde man sicher niemandem zumuten, ein halbes Jahr auf einen Arzttermin zu warten, bei psychischen Problemen schon. Solche Probleme reichen von häuslicher Gewalt, Mobbing über BurnOut bis hin zu Amokläufen.

Es ist wirklich an der Zeit, dass wir uns endlich auch mit unserer inneren Welt konstruktiv auseinandersetzen.

Gefühle machen dein Leben aus. **Sie** sind der Antrieb für alles, was du tust und was dir geschieht. Du liebst, du lachst, bist traurig oder ängstlich - nichts beeinflusst dich und deinen Körper mehr als deine Gefühle. **Sie** sind die Anzeigeinstrumente für das, was in deinem Inneren vor sich geht. Wenn es die Gefühle nicht gäbe, müssten wir sie erfinden. Sie sind so wichtig, wie die Luft zum Atmen.

Erst dann, wenn du deine inneren Anteile verstehst, **kannst du bewusst die Verantwortung für dein Leben übernehmen** und damit auch für deine eigenen körperlichen und psychischen Zustände.

Das ist ein großer Schritt in der menschlichen Entwicklung, der jedem Einzelnen von uns möglich ist. Ein größeres Selbst-Bewusstsein lässt dich dein wahres Potential und die Sinnhaftigkeit deines Lebens erkennen. All die Helden und Heiligen in Vergangenheit und Gegenwart, die wir bewundern, sind diesen Schritt gegangen.

→ <u>Als erste Anregung</u> für ein neues Denken möchte ich dir heute **deine Eigenverantwortung** ans Herz legen. Sie **ist eine Voraussetzung für deine Gesundheit** und dein Wohlbefinden; denn nur **was du selbst willst und erreichst, macht dich glücklich.** Mit deinen Gedanken und Gefühlen gestaltest du nicht nur deinen Alltag, sondern dein ganzes Leben. Das, was sich in deinem Inneren – oft vollkommen unbewusst von dir – abspielt, wirkt sich ständig in deinem äußeren Leben aus. Eigenverantwortung lässt Angst und Unwissenheit dahin schmelzen.

Von Beginn an lernst du, mit den Bedingungen deiner äußeren Welt zurechtzukommen. Ganz allgemein betrachtet ist es dir selbst vermutlich oft wichtiger, was du beruflich bist und was du besitzt, als das, was du denkst und fühlst. Nur deshalb sind dir deine psychischen Anteile **fremd** und deine vertrauensvolle Verbindung zu deiner Seele ist vielleicht dabei abhanden gekommen.

Dies ist eine wesentliche Ursache für die vielen Ängste in unserer Gesellschaft. **Nur wo Vertrauen ist, gibt es keine Angst –** und umgekehrt. **Angst** hat sehr viele Gesichter. Und **keines** unserer Ver-Sicherungssysteme kann innere Ängste vertreiben.

Ein altes chinesisches Sprichwort sagt: Angst klopft an die Tür, Vertrauen öffnet, und niemand ist da.

Möchtest du auch die Bedingungen deiner **inneren Welt** verstehen? Dann nimm doch jetzt einfach mal eine neue Position zu dir selbst ein und schau, was dein ICH oder Ego alles beobachten kann. Die nun folgende Übung (frei nach Dr. Luise Reddemann) ist *ein Stück Gesundheit zum mitnehmen.* Lass dich einfach mal darauf ein:

Sitz bitte bequem und schließe die Augen. Geh kurz gedanklich durch deinen Körper und spüre, ob es irgendwo Besonderheiten gibt: Z.B. eine Verspannung, Wärme, oder Kälte. – Mach dir dabei deutlich bewusst:
Ich kann meinen Körper beobachten, also bin ich mehr als mein Körper.

Jetzt konzentriere dich bitte auf deine Gedanken. Was huscht da so alles durch deinen Sinn? Was denkst du gerade jetzt? –
Mach dir dabei wieder deutlich bewusst:
Ich kann meine Gedanken beobachten, also bin ich mehr als meine Gedanken.

Nun konzentriere dich bitte auf deine Gefühle und Emotionen. Spüre, was du in diesem Moment gerade fühlst und empfindest.
Mach dir auch dabei wieder deutlich bewusst:
Ich kann meine Gefühle beobachten, also bin ich mehr als meine Gefühle.

Jetzt kannst du etwas abseits stehen und deine inneren Vorgänge beobachten. Von dieser Beobachterposition aus kannst du jedes Problem neu überdenken. Du musst nicht hilflos mittendrin stecken. Genieße das Gefühl, frei zu sein, und lass jetzt gedanklich – wie einen warmen Sonnenstrahl - Vertrauen und Freude in dich einfließen.

Öffne nun bitte die Augen und komm wach und frisch zurück ins Hier und Jetzt.   Ende.

Möchtest du dazu etwas berichten?

Wenn du **auch psychisch bewusst handeln willst**, werde vertraut mit dir selbst. Dein Unbewusstes ist die Quelle deiner ganz persönlichen Begabungen - den inneren Schweinehund habe ich dort noch nie angetroffen. In deinem Inneren kannst du alle Lösungen für dein Leben finden, auch die starke Verbindung zu deiner Seele und sogar das Wissen der ganzen Menschheit.

Nutze dein unsichtbares Material. Dein Verstand hilft dir dabei. Er ist dazu da, um dir die äußere und die innere Welt bewusst zu machen. Nur Wenige haben das bisher erreicht, obwohl schon seit etlichen Tausend Jahren in allen Teilen unserer Erde nach solchen Einsichten gestrebt wird.
Ich möchte dir jetzt einen Weg vorstellen, der über deine eigenen Gefühle zu Gesundheit und Erkenntnis führt.

Während jede tatsächliche Situation vorbeigeht und dann zu Ende ist, bleibt in deinem Inneren stets eine unsichtbare Erinnerung bestehen. Es scheint eine Art Energie zu sein, die mit dieser speziellen Situation geprägt wird. Dieses Energiemuster ist von da an mit deinem Dasein dauerhaft verbunden, sogar dann noch, wenn du selbst die Situation schon längst vergessen hast.

Falls eine Situation belastend war, zeigt sich dir die so geprägte Energie von Zeit zu Zeit als unangenehmes Gefühl. Ängste sind hierfür ein gutes Beispiel. Wenn sie weiterhin nicht beachtet werden, verlagern sie sich auch gern auf andere Bereiche, um schließlich von dir bemerkt zu werden. Diesen von Belastungen geprägten Energiemustern **fehlt etwas**! Sie quengeln wie kleine Kinder, um es zu bekommen. Man kann sagen, es sind unzufriedene Energien, die dich psychisch krank machen und die sich sogar auch als körperliche Krankheiten manifestieren können. Sie zeigen sich dir vorher als Gefühle und Emotionen.

Diese folgenreiche Bedeutung unserer Gefühle im Zusammenhang mit unserer Gesundheit wird bisher noch viel zu wenig beachtet.

Nun kannst du deine Gefühle nicht in die Hand nehmen und untersuchen, aber du kannst ihre spezielle Bedeutung für deinen Körper erkennen.

Ein Durst- oder Hungergefühl z.B. kannst du physisch befriedigen, indem du etwas trinkst oder isst. Und wenn du es nicht befriedigen kannst, wird es zu körperlichen Problemen führen.

Was tust du aber mit einer Angst oder mit einem starken Druck in der Brust oder mit einem Kopfschmerz? Hier wäre eine psychische Befriedigung nötig. Mit einer Tablette kannst du es nur kurzfristig zudecken, aber nicht befriedigen. Und auch das kann dann zu körperlichen Problemen führen.

Deine Gefühle und Emotionen teilen dir also mit, wenn sie etwas benötigen, was dein Körper braucht. Sie können sich dabei natürlich nur **auf ihre Weise** bemerkbar machen. Das ist eine wichtige Erkenntnis über deine inneren Vorgänge.

Du erkennst, dass dein inneres und äußeres Erleben in zwei verschiedenen Handlungs-Ebenen stattfindet, die in uns Menschen miteinander verbunden sind. Da ist einerseits die psychische oder geistige Ebene und andererseits die körperliche Ebene. Und in beiden Ebenen ist dein bewusstes Handeln notwendig.

Du weißt nun, dass du zwar Gefühle hast, aber dass du nicht deine Gefühle bist, denn du hast ja die Möglichkeit, sie zu beobachten und sie teilen dir ihre Bedürfnisse mit. Du kannst demnach deine inneren Wahrnehmungen, deine Gefühle und Emotionen auch als Gesprächspartner betrachten und sogar mit ihnen sprechen. Dies wird in der Trauma-Therapie sehr erfolgreich praktiziert. Auch bei meiner 'Arbeit mit den Gefühlen' werden die Bedürfnisse der unzufriedenen Energiemuster gedanklich erfüllt. Und das führt zu ihrer Veränderung und damit zur Heilung.

Du weißt vermutlich selbst, wenn du z.B. Angst hast, nützt es nichts zu sagen: "Du brauchst keine Angst zu haben". Distanziere dich also statt dessen von deiner Angst und stell dir vor, sie sitzt dir gegenüber. Gib dieser zitternden Ängstlichkeit nun gedanklich das, was ihr fehlt. Nimm deine Angst einfach mal in deiner Vorstellung in den Arm und sprich ihr Zuversicht und Mut zu. Wie du es bei einem guten Freund tun würdest.

Deine gedankliche Zuwendung verändert die Prägung dieses Energiemusters, bis keine Angst mehr da ist. Oftmals erkennst du dabei, warum du überhaupt Angst hattest und dir wird bewusst, weshalb das jetzt nicht mehr nötig ist.

Dies war die Kurzfassung für dich. Diese einfache Methode ist ein mächtiges Instrument, das selbst da wirksam ist, wo andere Behandlungsmethoden versagen. Niemand muss Gefangener seiner vergangenen Erfahrungen sein, sondern man kann sich von allen Blockaden auch wieder befreien.

Akzeptiere all deine Gefühle und Emotionen als legitimen Ausdruck deiner Psyche, dann kannst du sie handhaben und brauchst sie nicht mehr zu verdrängen. Geh mit deinen Empfindungen stets achtsam und respektvoll, ja sogar liebevoll um. Wenn deine Gefühle keinen Mangel leiden, dann bist **du** aktiv und gesund.

→ Meine zweite Anregung für den Weg der Erkenntnis soll die **Selbstreflexion** sein. Solange du dich selbst nicht kennst, weißt du nicht, welche Schätze in dir verborgen sind. Die folgende Übung ist wieder *ein Stück Gesundheit zum mitnehmen*. Du kannst gleich mal mit einer deiner Empfindungen Kontakt aufnehmen und gedanklich mit ihr sprechen (frei nach ePa von Dr. Dorothea von Stumpfeldt):

Sitze bitte wieder bequem und spüre behutsam in dich hinein. Fühlst du irgendwo in dir etwas Besonderes in diesem Moment? Greife in Gedanken das Erste auf, das du spürst und **gib deiner Empfindung einen Namen**. Du willst ja mit ihr sprechen. Z.B.: "Verspannung im Nacken" oder "Kribbeln im Auge" oder "Freude" oder was auch immer du spürst.

Jetzt sprich bitte deine Empfindung innerlich mit Namen an und **begrüße** sie mit "Ich spüre dich". Als Beispiel: "**Freude, ich spüre dich.**" Du sprichst natürlich deine eigene Empfindung an.

Nun stell dir vor, du sitzt an einem Tisch und die Empfindung, die du spürst, sitzt dir gegenüber. Vielleicht kannst du dir sogar ein Gesicht oder eine Gestalt für deine Empfindung vorstellen. Oftmals sind ganz spontan innere Bilder da.

Sprich nun deine Empfindung wieder mit Namen an und **frage** sie innerlich: "**Was willst du mir sagen?**"
Wenn sich nichts verändert, sprich deine Empfindung wieder an und **frage** sie: "**Was kann ich für dich tun?**"
Wenn sich die Empfindung irgendwie verändert, so ist das eine **erste Antwort** deiner Empfindung **an dich.**

Sprich wieder deine Empfindung an und sage ihr: "**Danke, dass du mit mir sprichst** und dich veränderst." Und falls du sogar erspürt hast, was deiner Empfindung fehlt, dann gib es ihr jetzt in deiner Vorstellung.

Danach sage deiner Empfindung: "Für heute möchte ich mich verabschieden."

Öffne nun bitte wieder die Augen und komm wach und frisch zurück ins Hier und Jetzt.   Ende.

Möchtest du dazu etwas berichten?

Die Selbstreflexion als spielerisches Gespräch mit deinen Gefühlen und Gedanken ermöglicht dir den Zugang zu deiner inneren Welt. Befrage dich und freue dich über deine 'Forschungsreisen'. Du wirst schon nach kurzem Üben feststellen, es lohnt sich immer.

Mensch sein bedeutet, innen **und** außen, d.h., psychisch und körperlich bewusst handeln zu können. Die menschliche Entwicklung geht in diese Richtung. **Vorurteile und Ängste** halten uns aber noch oft davon ab. Ich möchte hier nur 2 Vorurteile nennen:

-- Viele glauben, dass Gefühle weiblich und schwach sind,
   während der Verstand männlich und stark ist.
-- Nur wenige glauben, dass geistige Prozesse körperliche
   Krankheiten heilen können.

Du kennst sicher noch etliche andere.

→ **Wir Menschen sind der denkende Teil der Natur.** Das ist eine
Rolle mit einer besonderen Verantwortung, die sich die Meisten
noch nicht bewusst gemacht haben.
Deine Zimmerpalme denkt nicht darüber nach, ob eine Bombe gut
oder schlecht ist. Dein Hund macht sich keine Sorgen über
fehlende Lebens-Perspektiven. Aber Menschen sollten die von
ihnen geschaffenen Dinge im Blick haben und ehrlich bewerten.
Wir alle haben es in der Hand, durch unser Verhalten eine globale,
respektvolle Zusammenarbeit zu ermöglichen, und Armut, Hunger,
Krieg und einseitige, menschenverachtende Profitgier auf Kosten
anderer zu beseitigen.

Erst dann sind wir Menschen
und nicht nur Wesen in menschlicher Gestalt.

Neue Entscheidungen und Veränderungen sind durch ein neues,
ganzheitliches Denken möglich. Dies gilt übrigens ebenso bei allen
Krankheiten. Du kannst nicht nur das Herz betrachten oder das
Knie, sondern lass dir berichten, welche Wünsche und Ziele
erreicht wurden und welche nicht, welche Verluste und welche
Glücksmomente haben die Gedanken des Probanden geprägt und
Vieles mehr. Das Leben ist ein Gesamtkonstrukt und kann nicht in
Scheibchen geteilt werden.

Schon Albert Einstein meint: "Ein Problem, das mit einer bestimmten Art zu denken entstanden ist, kann nicht mit derselben Art zu
denken wieder beseitigt werden. Eine neue Art von Denken ist
notwendig, wenn die Menschheit weiterleben will."

Und Seneca der Jüngere sagt: "Nicht weil es schwer ist, wagen
wir es nicht, sondern weil wir es nicht wagen ist es schwer."

Lerne aus deinen Erfahrungen und werde bewusst zu der Person, **die du sein willst:**

-- lerne den Wert des Einzelnen schätzen,
-- stärke in dir selbst die Eigenschaften, die du an anderen liebst,
-- tausche dich mit Freunden und anderen Menschen aus,
-- vertraue dir selbst bedingungslos und sei dir dessen bewusst,
-- liebe dich selbst und nimm dich ganz an, auch deine noch 'unreifen' Stellen.

→ Hier habe ich noch *ein Stück Gesundheit zum mitnehmen* für dich.
Schließe bitte die Augen und wende deinen Blick nach innen. Finde jetzt für dich in Gedanken **ein Symbol, das dir Kraft gibt.** Das kann ein Gegenstand sein, ein Tier, eine Pflanze, ein Engel, ein Mensch oder irgendetwas ganz anderes.
Greife das Erste auf, das dir in den Sinn kommt.

Dein Kraftsymbol ist immer bei dir. Du kannst es niemals verlieren. Es ist ein von dir bewusst geformtes Energiemuster, das von nun an zu dir gehört und aus dem du jederzeit Kraft schöpfen kannst. Falls es hier noch nicht geklappt hat, mach die Übung gern zu Hause noch einmal. Öffne nun bitte wieder die Augen und komm wach und frisch zurück ins Hier und Jetzt.

So funktioniert es: Denk einfach immer dann an dein Symbol, wenn du mehr Kraft benötigst, z.B. wenn du müde bist und noch etwas Wichtiges vorhast (Reise, Vorstellung, Auftritt, Aussprache usw.) Stell dir dein Symbol vor und bitte es um eine Extraportion Kraft. Und vergiss nicht, dich dafür zu **bedanken.**

→ Zum Schluss habe ich wieder diese uralte aber wichtige Weisheit für dich:

Worauf du dich konzentrierst, das bekommst du, das wächst.

Richte also deine Aufmerksamkeit immer bewusst auf das aus, was du erreichen willst. Und mach dir diese Einstellung zur Gewohnheit!

Wenn du Hunger hast, bringt es sicher nichts, gegen den Hunger zu kämpfen. Auch gegen Dummheit oder Krankheit brauchst du nicht zu kämpfen. Kümmere dich stattdessen lieber um das, was du erreichen willst: um Essen, Wissen und Gesundheit.

Ich danke dir herzlich für dein Interesse und wünsche dir viel Erfolg bei all deinen Vorhaben und natürlich eine dauerhafte gute Gesundheit.

E n d e   des Vortrags

Wie entsteht Gesundheit
und wie kannst du das beeinflussen?

Herzlich willkommen. ... Einige kennen mich ja schon aus den vergangenen Jahren. ...

Heute möchte ich mit dir über die Salutogenese sprechen, also darüber, wie Gesundheit entsteht, welche Bedingungen Gesundheit fördern und wie **DU** das beeinflusst. Wir Menschen haben uns im Laufe unserer Entwicklung anscheinend nicht so sehr geändert, denn die Grundvoraussetzungen für Gesundheit sind heute noch genauso gültig wie schon vor sehr langer Zeit.

Schon die Aborigines hatten den alten Überlieferungen zufolge ein umfängliches Wissen über die Gesundheit von Psyche und Körper. Ebenso die Schamanen mit ihren weltweit unterschiedlichen Arbeitsweisen. Und die Lehren des Yoga zeigen uns auch heute noch, wie Gesundheit erhalten werden kann.

Im Sinne dieser alten Lebensweisheiten stelle ich dir hier gern das Konzept für eine ideale Lebensführung vor: Im Kern geht man schon damals davon aus, dass jeder Mensch ein selbst heilendes Wesen ist. Das Leben wird als stimmig und sinnvoll erfahren, es entwickelt sich noch insgesamt im Gleichgewicht. Jeder erfährt in seinem Umfeld, dass er wichtig ist, für sich selbst und für die gesamte Menschheit, etwa wie ein Puzzleteilchen in einem Puzzle. Erziehung geschieht mit Liebe, Vertrauen, Akzeptanz und Verständnis. Wichtig sind dabei Kreativität, Anleitung und gute Vorbilder. Es wird Gemeinsamkeit unter Beibehaltung der Individualität jedes Einzelnen angestrebt.
All das sind **gute** Voraussetzungen für Gesundheit.

In unserer zivilisierten Welt stehen heute eher die Ungleichgewichte im Vordergrund. Das Konkurrenzdenken beginnt schon vor dem Kindergarten. Viele definieren ihren Selbstwert darüber, dass sie besser sind als andere, oder sogar mehr wert sind als andere usw. Doch wir wissen alle, selbst in einem

System, in dem alle Möglichkeiten für jeden offen stehen, kann es nicht nur Häuptlinge geben. Erwachsene und Vorbilder aus dem öffentlichen Leben treffen leider oft Entscheidungen auf Kosten anderer und machen Geschäfte auf Kosten anderer.
All das sind **keine** guten Voraussetzungen für Gesundheit.

Die großen Zuwachsraten von psychischen Problemen und Krankheiten nicht nur in unserem Land sind das Resultat; und weltweit ist das Flucht, Vertreibung, Hunger, Krieg und Unterdrückung.
Solange Menschen sich nur mit dem körperlichen Überleben beschäftigen müssen, können sie sich psychisch nicht weiter entwickeln. Und wenn es keine integeren, verlässlichen Vorbilder gibt, fehlt oft gerade jungen Menschen die Orientierung.

Das alles hat mit deiner Gesundheit zu tun, und zwar egal, ob du es selbst erlebst oder ob du es in den Medien anschaust und dir Gedanken darüber machst.
Wenn wir Ungerechtigkeit, Brutalität und Grausamkeit sehen, macht das was mit uns.

Die Forderungen in der weiter oben bereits beschriebenen Ottawa-Charta von 1986 an die Teilnehmerländer, **alles** dafür zu tun, um bis zum Jahr 2.000 weltweit Gesundheit für alle zu ermöglichen, werden leider bisher nicht erfüllt.

Es gibt bisher auch **nirgends** eine neue gesundheitsfördernde Gesamtpolitik, die nicht das Geld, sondern den Menschen in den Mittelpunkt stellt. Politiker sind weiterhin nicht verantwortlich für die Konsequenzen ihrer Entscheidungen.

Die in der Charta geforderten Grundvoraussetzungen für Gesundheit sind wunderbare Ziele. Bevor sich aber die Welt der Politik verändert, kannst du selbst in deinem eigenen Leben beginnen, ganz bewusst mehr in Richtung Gesundheit zu gehen. Denn deine Gesundheit richtet sich **nach dir**, sogar, wenn du das gar nicht weißt. Wir Menschen funktionieren einfach so.

Entwickele deshalb neue, gesunde Gewohnheiten und richte deinen Fokus mehr auf diejenigen Dinge, Vorhaben und Erfahrungen, die wirklich gut für dich sind. Denn tatsächlich **nimmst du** mit deinen Gedanken und Gefühlen in jeder Sekunde **Einfluss** auf deine eigene Gesundheit in Körper und Psyche. Gesundheit ist eine sehr persönliche Angelegenheit.

Jeder Mensch lebt seine ganz eigene Geschichte, und jede Geschichte hat Höhen und Tiefen. Jede Erfahrung beeinflusst dich. Ebenso wie deine Nahrung, so wird **alles**, was du erlebst, von dir irgendwie verstoffwechselt (metabolisiert), und zwar **physisch und emotional**, sodass jede Erfahrung und jede Wahrnehmung ganz praktisch zu einem Teil deines Geistes und deines Körpers wird.

Negative Erfahrungen werden in dir anders verarbeitet als positive Erfahrungen. Wenn du deinem System zuviel Negatives zumutest, gerät es aus dem Gleichgewicht und wird schwach. Deine positiven Erfahrungen werden dagegen in Wohlbefinden, Energie und Gesundheit umgewandelt.
Liebe, Freude, Musik, gute Freunde, frische Lebensmittel, ein herrlicher Sonnenuntergang und andere Erfahrungen solcher Art stärken dich auf allen Ebenen.

Kümmere dich also mehr um gesunde Erfahrungen, dann wirst du auch mehr davon erhalten. Verschwende keine Gedanken an Ereignisse, von denen du nicht willst, dass sie eintreffen. Ich erwähne es hier noch einmal: Worauf du deinen Fokus richtest, das wächst – im Guten wie im Schlechten.

Krankheit ist materialisierte Un-leichtigkeit. Sie heißt nicht umsonst auf Englisch Disease. Die Lasten, die du mit dir herumträgst, sind Teil deiner Gewohnheiten, Überzeugungen und Verhaltensweisen. Sie sind letztlich das Ergebnis **alter** Ideen und Entscheidungen und können deshalb durch neue Entscheidungen auch wieder verändert werden. Oft siehst du deine Wirklichkeit durch einen Filter aus alten Erinnerungen, Ängsten, Vorurteilen und sogar Meinungen anderer.
Hinterfrage also einfach mal deine Gewohnheiten im Denken und im Handeln. Und lass alles los, was dir nicht mehr gut tut.

Wenn es dir keinen Spaß mehr macht, hör damit auf oder wie Keith Richard sagt: **Love it or leave it.**

Jeder lebende Mensch kann seinen konstruktiven Einfluss auf die eigene Gesundheit vergrößern. Sich mehr mit förderlichen Dingen zu beschäftigen und schlechte Gewohnheiten zu verändern sind **zwei sehr mächtige Werkzeuge.** Probiere es aus.

Dein Körper und deine Psyche sind so beschaffen, dass sie von sich aus immer bestrebt sind, gesund zu sein. Sie werden nur oft überfordert z.B.: durch ein **Zuviel** an Essen, Alkohol, Stress, Sorgen, Angst, Süßigkeiten und Arbeit oder durch ein **Zuwenig** von Freude, Bewegung, Liebe, Vertrauen, Musik, freundschaftlichen Begegnungen und erholsamen Naturerlebnissen.

Nimm dir doch abends etwas Zeit und reflektiere den vergangenen Tag. Frage dich: Was hat dir Freude gemacht, was hat dir gut getan, hast du jemandem gut getan, was möchtest du gern wieder tun usw.

Freue dich ruhig öfter über deine guten Momente und schönen Erlebnisse. Mit solchen Übungen wird dein Bewusstsein flexibler. Gleichzeitig werden durch neuroplastische Botenstoffe die Verbindungen im Gehirn physisch erneuert und dein Immunsystem wird gestärkt. Der Mensch **ist** tatsächlich ein selbstheilendes Wesen und es wird immer besser verstanden, wie es funktioniert.

Dein Körper und deine Psyche wissen genau, was sie für ihre Gesundheit gerade jetzt benötigen. Deshalb solltest **Du** lernen, **auf deinen Körper und deine Psyche zu hören.** Trainiere diese Art zu denken, sprich dabei ruhig mal mit dir selbst. Es lohnt sich. Diese Sichtweise wird oft kaum beachtet. Statt dessen beuten sich die Menschen manchmal regelrecht aus; sogar bis zum Zusammenbruch.

Nimm Rücksicht auf deine Befindlichkeit. Werde dein eigener Experte für psychische und körperliche Prävention. Mit etwas Übung spürst du, wann du essen, trinken oder laufen möchtest, wann du etwas Ruhe benötigst oder Action brauchst. Je besser du in Übereinstimmung mit dir selbst bist, desto mehr Energie hast du; du erlebst mehr Freude und eine große Lebenslust breitet sich in dir aus, denn du arbeitest optimal mit deinem Körper-Geist-System zusammen.

Etliche Studien beschreiben die Rahmenbedingungen für die Entstehung und Erhaltung von Gesundheit. Dabei ist Gesundheit nicht als ein Zustand, sondern als ein lebendiger, sich ständig wandelnder Prozess zu verstehen. Du lebst ja heutzutage im Informationszeitalter mitten drin in den guten und schlechten Einflüssen der ganzen Welt. Hinzu kommen deine eigenen Gedanken und Gefühle und die Einflüsse aus deinem näheren persönlichen und beruflichen Umfeld. All das steht miteinander in ständiger Wechselwirkung.

Du selbst bist der Meister über all diese Informationen. Dein Wohlgefühl hängt davon ab, wie gut es dir persönlich gelingt, mit dieser riesigen Informationsmenge umzugehen. Das muss dein Verstand aber nicht allein bewältigen, denn du wirst hierbei von deinem **angeborenen Sinn** für Kohärenz unterstützt. Alle Menschen und Tiere haben diese **Empfindungsfähigkeit für Stimmiges**, durch die ein friedliches Zusammenleben auf der Erde ermöglicht wird.

Durch diesen Sinn ist in dir – ganz tief drinnen - ein inneres starkes Gefühl des Vertrauens vorhanden, ein Kohärenzgefühl, das **die Basis für die von dir empfundene Lebenskraft** ist und damit auch für deine Gesundheit. Mit zwischenmenschlichen Beziehungen und Kommunikation kannst du dieses Gefühl stärken, deshalb sind Freundschaften und Gemeinschaften und der Austausch mit anders Denkenden so wichtig.

Während die Ottawa Charta die äußeren Bedingungen für Gesundheit nennt, beschreibt z.B. Antonovsky die inneren Bedingungen für das Kohärenzgefühl. Dieses Gefühl für Stimmigkeit entsteht in dir durch drei Faktoren, die man auch als die salutogenetischen Grundregeln bezeichnen kann:

1. Verstehbarkeit
      Du musst dich selbst und die Zusammenhänge in deinem Leben verstehen können. - dann fühlst du dich wohl

2. Handlungsfähigkeit, Selbstwirksamkeit

Du musst dein Leben gestalten können, du musst dich definitiv als Macher deines Lebens fühlen - dann fühlst du dich wohl

3. Sinnhaftigkeit

Du musst davon überzeugt sein, dass dein Leben einen Sinn hat, und dass das, was du tust, sinnvoll ist - dann fühlst du dich wohl

Seit den 1980er Jahren beobachte ich eine wichtige, jedoch negative Nebenwirkung des Konsumverhaltens und Wohlstands – für wirklich alles gibt es Spezialisten, Fachleute, Medikamente oder eine App. Das führt zu einer perfekten Verkümmerung aller Fähigkeiten, sich selbst zu helfen. Die Menschen verlieren dadurch ihre Selbstwirksamkeit und werden unzufrieden mit sich selbst.

→ Überprüfe dein Gefühl für Stimmigkeit, denn wenn du Vieles nicht mehr verstehst oder dich gar als Opfer fühlst oder alles sinnlos erscheint, dann leidet deine psychische und körperliche Gesundheit.

Jeder Mensch sollte grundsätzlich als ganz normale, gesunde Idee seine Aufmerksamkeit auf die Möglichkeiten für Gesundheit richten, statt – wie leider allzu oft – auf Vermeidungsstrategien. Deine Höhenangst z.B. verschwindet ja nicht, wenn du nur noch in der norddeutschen Tiefebene unterwegs bist.

→ Die Hirnforschung zeigt uns, wie unser Denken auf unser Verhalten wirkt. Damit hast du einen weiteren Grund, dein Denken und Tun auf das zu richten, was du wirklich erreichen willst.

Wenn du **etwas willst** und attraktive Ziele hast, aktiviert dieser salutogenetische Fokus die Schaltung im sogenannten Annäherungssystem im Gehirn, das eng mit dem Lustzentrum verschaltet ist. Du wirst hiermit positiv gestimmt, aktiver und zu aufbauendem Verhalten motiviert.

Wenn du jedoch Bedenken hast, Krankheiten und Risiken **vermeiden willst**, wird dadurch im Gehirn das Vermeidungssystem aktiviert, das eng mit dem Angstzentrum verschaltet ist. Du wirst dadurch ängstlich und verhältst dich eher zurückhaltend.

Ich fasse zusammen: Dein Einfluss auf deine persönliche Gesundheit ist erheblich, vermutlich viel größer als du bisher dachtest. Deine Gesundheit richtet sich nach dir. Deshalb ist es in allen Lebensbereichen so wichtig, einen salutogenetischen Fokus einzunehmen, mehr an die Möglichkeiten statt an die Begrenzungen zu denken. Ganz kleine Kinder lernen dank diesem Fokus das Laufen. Ich kann das nicht, ist keine Option für sie. Sie geben nicht auf, bis sie es können. Lerne auch du, deinen Einfluss auf deine Gesundheit zu nutzen. Du kannst immer wählen.

-- Jede Erfahrung wird von dir **physisch und emotional** verarbeitet (metabolisiert) und wird dadurch ganz praktisch zu einem Teil deines Körpers und deiner Psyche.
-- Worauf du deinen Fokus richtest, das bekommst du, das wächst im Guten wie im Schlechten.
-- Kümmere dich um Dinge, die gut für dich sind und verändere schlechte Gewohnheiten.
-- Höre auf deinen Körper und deine Psyche, denn sie wissen, was sie benötigen.
-- Dein Denken aktiviert deine Gehirnaktivitäten und damit Stimmung und Verhalten.
-- Dein Gefühl für Stimmigkeit lässt dich stets spüren, was richtig für dich ist.
-- (Salutogenetische) Grundregeln, durch die Gesundheit entsteht: Verstehbarkeit, Handlungsfähigkeit, Sinnhaftigkeit

Glücklichsein wird ja leider nicht gemessen, ist aber unerlässlich für deine Gesundheit.

Vertraue darauf, dass du von deiner Seele bedingungslos geliebt wirst. Lust am Leben ist auch Lust am Lernen, entdecke jeden Tag **drei** neue Dinge. Du wirst gesünder, wenn du dich ohne 'wenn und aber' deinen Zielen, deiner Gesundheit und deinem Leben hingibst, statt deinen Ängsten. Vertraue dir.

Liebe dein Leben, denn du selbst entfaltest es jeden Tag aufs neue. Entwickle ein Gefühl dafür, dass der nächste Tag noch besser wird.

Zum Abschluss möchte ich noch mit dir meditieren. Es ist eine Meditation für Entspannung, Heilung und Lebensfreude. Ich werde den Text **dreimal** vortragen, und dich dabei ganz persönlich ansprechen:

Setz dich bitte bequem hin und atme einige Male ruhig und tief ein und aus. Nun schließe bitte die Augen und wende deine Aufmerksamkeit nach innen:

"Die Energie deiner Seele strömt jetzt in deinen Körper.
Sie erfüllt dich und all deine Zellen mit Freude und Vitalität;
-- und mit Energie, die alles heilt, was mit deinem physischen
   Wesen nicht stimmt,
-- mit Energie, die deine Gedanken klar macht,
-- und mit Energie, die dich für das Wissen öffnet, das dir gehört;
   und das dir schon vor Beginn aller Zeiten gehört hat."

Nun komm langsam zurück ins Wachbewusstsein. Spüre, wie du von Energie erfüllt bist. Jener Energie aus deiner Quelle, die schon lange vor dir existierte, die dir gehört und die dich aufrechterhält.

Ich danke dir herzlich für dein Interesse und wünsche dir viel Erfolg bei all deinen Vorhaben und natürlich eine dauerhafte gute Gesundheit.

E n d e   des Vortrags

Anhang 1: Hinweise

In deinen Genen sind zwar auch unter etlichen anderen Faktoren alle Informationen deiner Vorfahren gespeichert, aber **nur du selbst** bist die Person, die krank machende Teile daraus aktiviert oder nicht. Normalerweise kann dein Körper von sich aus gesund bleiben bzw. werden; du selbst beeinflusst jedoch deine Zellen mit deinen Gedanken und Gefühlen. Diese Tatsache mag einerseits die Quelle für Krankheiten sein, jedoch liegt genau darin glücklicherweise auch deine Chance für dauerhafte positive Veränderungen. Lerne es, mit dir selbst auf gesunde Weise umzugehen und hab keine Angst vor deiner Zukunft, denn

Seneca der Jüngere (4 v.Chr. – 65 n.Chr.) sagt dazu:
"Ein Mensch, der leidet, bevor es nötig ist, leidet mehr als nötig."

Falls du gern ein Paar Ausflüge in die Wissenschaft unternehmen möchtest, hier meine Empfehlungen:

1) **Nobelpreis für Medizin 2013**: Drei Forscher entdeckten, wie unsere rund 100 Billionen Zellen miteinander kommunizieren. Nach **unseren** Empfindungen organisieren die Zellen ihren eigenen Zustand und den Transport von Stoffen durch ihre Membran hinein und hinaus. – So geschieht dein Einfluss auf deine Zellen

2) **Nobelpreis für Chemie 2015**: Drei Forscher entdeckten, wie unsere Zellen ihre DNA und sich selbst auf unterschiedliche Weise reparieren und heilen. – So geschieht die Selbstheilung deines Körpers

3) **Nobelpreis für Medizin 2016**: Der Zellbiologe Ohsumi erforschte die Müllabfuhr der Körperzellen und fand heraus, dass die Zellen sich gewissermaßen selbst fressen und verdauen (Autophagie). - So geschieht die Selbstheilung deines Körpers.

4) **Nobelpreis für Physik 2022**: Drei Forscher entdeckten Neues zur Quantenphysik. Schau dir die Veröffentlichungen und Videos der Preisträger an. Ich sage nur: Spannend

Anhang 2: Das Einsteinrätsel

Es wird gesagt, dass Einstein dieses Rätsel im letzten Jahrhundert verfasste. Er meinte, 98% der Weltbevölkerung sei nicht in der Lage, es zu lösen. Es gibt keinen Trick bei diesem Rätsel, nur pure Logik. Viel Spaß beim Lösen !

1. Es gibt fünf Häuser mit je einer anderen Farbe.
2. In jedem Haus wohnt eine Person einer anderen Nationalität.
3. Jeder Hausbewohner bevorzugt ein bestimmtes Getränk, raucht eine bestimmte Zigarettenmarke und hält ein bestimmtes Haustier.
4. KEINE der 5 Personen trinkt das gleiche Getränk, raucht die gleichen Zigaretten oder hält das gleiche Tier wie einer seiner Nachbarn.

Frage: Einer hat einen Fisch - **Wer** ?

Die Hinweise, mit denen man das Rätsel garantiert lösen kann:

Der Brite lebt im roten Haus
Der Schwede hält einen Hund
Der Däne trinkt gerne Tee
Das grüne Haus steht links vom weißen Haus
Der Besitzer des grünen Hauses trinkt Kaffee
Die Person, die Pall Mall raucht, hält einen Vogel
Der Mann, der im mittleren Haus wohnt, trinkt Milch
Der Besitzer des gelben Hauses raucht Dunhill
Der Norweger wohnt im ersten Haus
Der Marlboro-Raucher wohnt neben dem, der eine Katze hält
Der Mann, der ein Pferd hält, wohnt neben dem, der Dunhill raucht
Der Winfield-Raucher trinkt gerne Bier
Der Norweger wohnt neben dem blauen Haus
Der Deutsche raucht Rothmanns
Der Marlboro-Raucher hat einen Nachbarn, der Wasser trinkt

Quellenangaben

-- Das Seth-Material, Goldmann Verlag
-- Die frühen Sitzungen, Band 1, Sethverlag
-- Gespräche mit Seth, Ariston Verlag
-- Die Natur der persönlichen Realität, Ariston Verlag
-- Die frühen Sitzungen, Band 4, Sethverlag
-- Der Magische Weg, Sethverlag
-- Träume, Evolution und Werterfüllung 1, Ariston Verlag
-- Marlo Morgan, Traumreisende
-- Serge Kahili King, Der Stadt-Schamane
-- Dr. Deepak Chopra, Vollkommene Gesundheit
-- Zeitschrift GEO 2013, Langzeitstudie: Was Yoga kann
-- Prof. Dr. Reddemann und Dr. Dehner-Rau, Trauma Heilen
-- Dr. Dorothea von Stumpfeldt, ePa emotionale Prozessarbeit

Stichwortverzeichnis

Notizen